LECTURA
FÁCIL

T0413852

CARTAS ABIERTAS

Un llamado a vivir con
transparencia

**MICHEL A.
GALEANO**

LECTURA
FÁCIL

CARTAS ABIERTAS

Un llamado a vivir con transparencia

B&H
ESPAÑOL
NASHVILLE, TN

MICHEL A. GALEANO

CONTENIDO

Sección 1:
La transparencia en el principio

Sección 2:
La transparencia perdida

Sección 3:
La transparencia practicada

Sección 4:
La transparencia perfecta

Prefacio a la serie

Leer no tiene que ser difícil, ni mucho menos aburrido. El libro que tienes en tus manos pertenece a una serie de *Lectura fácil*, la cual tiene el propósito de presentar títulos cortos, sencillos, pero con aplicación profunda al corazón. La serie *Lectura fácil* te introduce temas a los que todo ser humano se enfrenta en la vida: gozo, pérdidas, fe, ansiedad, dolor, oración y muchos más.

Este libro lo puedes leer en unas cuantas horas, entre descansos en tu trabajo, mientras el bebé toma su siesta vespertina o en la sala de espera. Este libro te abre las puertas al mundo infinito de la literatura, y mayor aún, a temas de los cuáles Dios ha escrito ya en Su infinita sabiduría. Los autores de estos libros te apuntarán hacia la fuente de toda sabiduría: la Palabra de Dios.

Mi oración es que este pequeño libro haga un gran cambio en tu vida y que puedas regalarlo a otros que van por tu misma senda.

Gracia y paz,

Giancarlo Montemayor
Director editorial, Broadman & Holman

Introducción

Durante mi tiempo como estudiante en el seminario nos unimos cinco parejas para tener cada sábado un tiempo intencional para estudiar la Biblia y exhortarnos mutuamente. Yo estaba acostumbrado a este tipo de estudios ya que es algo que normalmente hacemos como cristianos. Pero algo pasó un sábado de estos que cambió radicalmente la manera en que veo el juntarme con otros creyentes. Ese sábado después del estudio bíblico nos separamos, las mujeres en el sótano de la casa y los hombres en el patio de la casa.

No había una agenda específica más que hablar de como nos encontrábamos y orar unos por otros. Sin embargo, uno de mis amigos fue mucho mas intencional en ser transparente con sus luchas contra el pecado que estaban afectando su relación con Dios, su matrimonio y su pureza. Esta intencionalidad de mi amigo hizo que nosotros no solo lo escucháramos, sino que viéramos maneras específicas de ayudarlo para ver cambios verdaderos. También nos confrontó con la trasparencia que teníamos que practicar ahora nosotros.

Así que, cada uno de mis amigos comenzó a contar cómo estaba su vida en detalles con tanta claridad y transparencia que yo estaba sorprendido porque estaba acostumbrado a contar mis luchas a personas específicas y en momentos específicos. Lo que vi en ellos fue su transparencia con un deseo por ser transformados por el evangelio de Cristo luchando contra su pecado con otros a su alrededor. Para ser sincero mientras mis amigos compartían yo pensaba ¿Por qué comparten esas luchas

con sus esposas? ¿Por qué comparten que tienen ese tipo
de tentaciones? ¿No es mejor decir algo superficial sin
ser tan intencional? Estaba siendo confrontado con mi
propio temor al hombre. También estaba sorprendido
porque estaba acostumbrado a conversaciones que después que alguien compartía algunas luchas solo decíamos
"bueno oremos por_____ para que Dios lo fortalezca"
o escuchar decir a las personas "les cuento esto para que
sepan como yo soy, así que ya están avisados".

Este tipo de frases que sirven pare rendir cuentas y
darse a conocer, a menudo no llegan al corazón de la
transparencia, esto es la transformación. Regresando a
esa noche con mis amigos, quizás te preguntas ¿qué hice
yo cuando era mi turno de hablar? Primero que todo
estaba pensando "qué voy a decir" "¿será que cuento
mis luchas como ellos? Pero ¿qué si les digo que no ha
sido fácil adaptarnos a una nueva ciudad y que se me
hace muy difícil el seminario? ¿Qué pensaran de mí?
¿Qué si les digo que en muchas ocasiones desde que
llegamos a Minneapolis no he sabido pastorear a mi
esposa? ¿Qué si les digo que en ocasiones he envidiado
sus dones y habilidades que veo en ellos durante las
clases?

Solo por la gracia de Dios tome valor y seguí el ejemplo de estos amigos y abrí mi corazón con mis luchas
contra el pecado. Después de abrir mi corazón, ¿sabes
qué pasó dentro de mí? Se me quitó un peso de encima
enorme. Es como cuando estás haciendo ejercicio y ya no
puedes sostener el peso de la barra y tu amigo te ayuda
a levantarlo, y colocarlo en el lugar correcto para que
puedas respirar. Así me sentí ese sábado. Pude respirar y
entender que no fui creado para pretender que todo esta
bien, ni ser una persona que solo comparte lo superficial,
lo bueno y lo fácil.

Ni tampoco compartir el pecado para que otros me conozcan sin desear ser transformado por el evangelio de Cristo. Al contrario, este libro que tienes en tus manos ha sido escrito por una persona en necesidad diaria del evangelio de Cristo y de la iglesia de Cristo. Escribí este libro porque deseo que muchos más puedan disfrutar la transparencia que transforma y ser libres de pretender que todo esta bien o excusar el pecado porque así son.

Por eso busco ayudarte a ver el porqué debemos vivir en transparencia que transforma desde una plataforma bíblica recorriendo la historia redentora de Dios para que veas lo que Dios dice en las páginas de Su Palabra. Para esto he divido el libro en cuatro secciones: 1. la transparencia en el principio (creación), 2. la transparencia perdida (caída), 3. la transparencia practicada (redención) y por último 4. la transparencia perfecta (glorificación).

Una última advertencia. Satanás no quiere que veas la hermosura de Cristo al transformar tu vida siendo transparente con las personas a tu alrededor. Por eso tenemos que orar para que Dios levante creyentes que por gracia en Cristo se unan para caminar con fines de ser más como Cristo por el poder del Espíritu Santo que habita en cada creyente.

SECCIÓN I

La transparencia
en el principio

DEFINICIONES

Cuando leo un libro me gusta saber de antemano lo que el autor quiere decir cuando usa frases o palabras que fundamentan su libro. Por eso quiero definir los términos para que estemos en la misma página, ¿Por qué ser transparentes? Porque *Hemos sido Creados a la imagen de Dios para crecer en comunicación en la comunidad de Cristo siendo transparentes con el fin de ser transformados por medio del poder del Espíritu Santo.*

Esta definición contiene los cuatro pilares de la transparencia que transforma que contestan a la pregunta, ¿por qué buscar la transparencia? Porque hemos sido (1) creados a la imagen de Dios, (2) con habilidades de comunicación, (3) para usarlas siendo transparentes dentro de la comunidad de Cristo, y así ser transformados (4) por el poder del Espíritu Santo. Esto será más claro mientras caminamos juntos en este libro. Pero falta algo, ¿sabes qué es? Mi definición de la transparencia: *La transparencia es abrir mi corazón al comunicar las cosas de adentro con el fin de que quien me escucha me muestre a Cristo para ser transformado a la imagen de Cristo.* Al unir estas dos definiciones tenemos el fundamento de la transparencia y el cómo de la transparencia que transforma.

Dios es el fundamento de mi transparencia y la obra de Cristo es lo que asegura que al ser transparente con mis hermanos pueda ser transformado por el poder del Espíritu Santo. De aquí que la transparencia que vamos a ver tiene como propósito la transformación. Estas dos van de la mano en búsqueda de conversaciones honestas dentro de la comunidad de Cristo. La transparencia se ha casado con la transformación para vivir juntas y unidas hasta que la muerte las separe. Ya que en la eternidad no necesitaremos transparencia que transforma porque seremos completamente transparentes sin pecado. Así que, comencemos nuestra caminata bíblica regresando al principio de la historia de Dios en la creación.

CAPÍTULO I

El Dios que creó
para comunicarse

Una de las cosas más obvias al leer Génesis 1–2 es ver que Dios ha creado. Lo que no podemos tomar a la ligera es entender cómo Él ha creado y para qué ha creado. Porque cuando entendemos lo que Dios ha creado y para qué ha creado seremos capacitados para vivir según Su buen diseño. ¿Crees que a Dios le importa tu transparencia? Y si sí ¿Quién define lo que es transparencia? Como creyentes creemos que solo Dios puede decirnos el porqué, el para qué y el cómo de la transparencia. ¿Sabes por qué? Porque es muy fácil y peligroso que cada persona formule sus propias definiciones. Cuando hacemos esto no hay una dirección clara hacia una verdadera trasparencia porque cada quien tiene su definición y vamos a chocar unos con otros por las diferentes definiciones.

Es como si estuviéramos manejando un carro y llegamos a una intersección con cuatro vías y si no hay una señal de pare en estas cuatro calles lo más probable es que terminemos en un accidente. De igual manera pasa cuando tenemos definiciones personales y no fundamentadas claramente en la Palabra de Dios. Por eso decimos que al ser creados por Dios necesitamos del Creador para que nos diga ¿cuál es Su propósito al crear? ¿Qué espera Dios de nuestra transparencia? Le preguntamos a Dios sobre Su propósito al crearnos porque de no entender lo que Dios ha diseñado estaremos viviendo vidas no solo sin propósito, sino sin disfrutar el gozo que viene de hacer las cosas según Dios.

De aquí viene mi deseo de entender lo que es la transparencia en el principio, porque hoy día podemos pensar que estamos teniendo trasparencia cuando en realidad no es así. Ya que hoy parece que cuanto más soy "transparente" más se me aplaude, sin importar que lo que se diga sea contrario a la Biblia o con narrativas falsas que acusan y dañan relaciones por doquier. Déjame hacer la siguiente pregunta, ¿Antes de tomar este libro tenías una definición de la transparencia? Y si no ¿Qué es ser transparente para ti? Una vez que contestes estas preguntas, pregúntate, ¿puedo apoyar mi definición con la Palabra de Dios? También puedes ver lo que crees en cuanto a la transparencia viendo cómo la estas practicando.

Por ejemplo, ¿Cuándo fue la última vez que te sentaste con un amigo(a) para compartir lo que hay en tu corazón de una manera sana, bíblica y prudente? Soy intencional al decir sana, bíblica y prudente porque puede ser que lo que estás compartiendo u opinando es "transparencia" sin haber una transformación en tu propio corazón. Es aquí donde vamos al principio de la creación para entender que Dios no te ha creado solo para abrir tu corazón sin examinar tu corazón a la luz de Su Palabra y el consejo de alguien que ama a Dios y te ama a ti. Este tipo de transparencia bíblica se entiende y se practica cuando comprendo que la Biblia aplaude y busca una transparencia que transforma. Y esta transparencia bíblica nace precisamente porque Dios es transparente, claro y Sus palabras tienen propósito. Así como decimos que tenemos que ser santos, porque Dios es Santo (1 Ped. 1:16–17), podemos decir seamos transparentes porque Dios es Luz, y en Él no hay ninguna tiniebla (1 Jn. 1:5–7). Es decir, en Dios no hay falsedad sino verdad y por eso debemos andar en la comunidad practicando la verdad.

Regresemos a una de las preguntas fundamentales del ser humano, ¿Por qué Dios nos creó? Hago esta pregunta porque para crecer en nuestra comunicación tenemos que ver la intencionalidad de Dios al crear. Y es que el Libro de libros, la Palabra de Dios abre sus páginas con la historia verdadera de cómo fue creada esta tierra, quién la creó y para qué la creó. "En el principio Dios creó..." así comienza el relato bíblico de la creación de Dios. Y es solo aquí en el principio que puedes descubrir el "por qué" y el "para qué" estás aquí en esta tierra.

El relato de la creación nos abre el entendimiento, es como si al leerlo prendiéramos la luz para tener visibilidad a lo que no hemos visto, es como la sal que le da gusto a la comida, es como el azúcar que endulza el paladar y es como la nota musical que encuentra ritmo en lo más profundo de nuestro ser. Ser transparente tiene que ver con el diseño de Dios en tu ADN para que lo representes en Su creación.

En Génesis 1–2 vemos al Dios transparente que usa Su Palabra para crear y comunicar. Dios creó. Este simple concepto tiene implicaciones asombrosas y maravillosas que lamentablemente muchas veces las tomamos a la ligera. El hecho de que Dios haya creado nos debe llevar al asombro, a conocerlo, obedecerlo y vivir para Él. No solo Dios creó, sino que habló para crear. Por eso decimos que Dios se comunica. Esto es de suma importancia para el tema que estamos tratando porque la transparencia involucra palabras que comunican intencionalmente lo que hay en mi corazón. Dios es el Creador de la comunicación porque Él desea comunicar Sus virtudes gloriosas y únicas.

Una persona que me ha ayudado a ver la importancia de la comunicación de Dios es Jonathan Edwards. En su libro "El fin del porque Dios creó el mundo" explica que Dios creó desde Su plenitud para comunicar Su plenitud. A Dios no le hacía, no le hace ni le hará falta algo. Él es perfecto en todo y convive en una relación de comunicación perfecta entre la divina trinidad. Él creó no para recibir algo, pero para darnos lo mejor y esto es darnos de Él mismo en la persona de Cristo. ¡Qué importantes son las Palabras de Dios!

En mi amada iglesia que pastoreo he sido muy intencional en crear una cultura de transparencia con fines de transformación porque así Dios lo planeó. Ya que Dios creó con propósito y se comunica con claridad y verdad, nosotros tenemos que aprender de Él para comunicarnos como Él. De aquí que nuestras conversaciones tienen que tener un propósito y a la luz de la Biblia esto es que seamos más como Cristo. Ahora bien, ¿qué quiere decir que Dios habla?

Primero, cuando Dios habla lo hace con el poder de Su Palabra para hacer algo de la nada y que es conforme a Su eterno propósito. Por eso Dios crea con el poder de Su Palabra y Dios sostiene lo creado con el poder de Su Palabra (Ef. 1:3–6; Col. 1:16–18; Hebr. 1:1–4). En Génesis 1 vemos el poder de Dios para crear al hablar. En cada uno de los seis días de la creación vemos a Dios hablando, haciendo, llamando y viendo Su buena creación. El texto lo resume de esta manera, "Entonces dijo Dios..." 1:3, 6, 9, 11, 14, 20, 24, 26. No cabe duda que Dios, solo Dios tiene el poder de decretar algo conforme Su propósito y llevarlo a cabo conforme Su poder.

Entonces, Dios habla para crear con el poder de Su Palabra, y segundo, Dios en Su gracia ha decidido comunicarse con palabras. Es decir, por un lado Su Palabra crea-hace, pero también Sus palabras comunican. Por eso Dios nos ha dado Su creación para verlo como glorioso (Salmo 19:1–6), y también nos ha dado Su Palabra con 66 libros repletos de Su voz que comunican verdades sobre Él para que nosotros le glorifiquemos a Él (Salmo 19:7–14). Por eso al aprender que Dios se comunica con Palabras que muestran quién es Él, nosotros tomamos nuestras palabras para darnos a conocer con el fin de que otros me ayuden a ser como Dios. ¿Qué pasa en tu corazón cuando lees sobre la poderosa palabra de Dios que crea para comunicar? Mi oración es que así como Dios lo ha hecho y lo sigue haciendo conmigo, tú puedas ver que como Sus criaturas debemos no solo asombrarnos del grandioso Dios, también desear imitarlo al hablar con propósito.

Al principio del capítulo te compartí mi definición con los cuatro pilares de la trasparencia y el número uno explica que el fundamento de nuestras conversaciones con transparencia es porque Dios habla y se comunica. Quizás te preguntas, ¿Podemos decir que Dios habla aún siendo espíritu (Juan 4:24)? Creo que sí. Esto se debe a que podemos usar un lenguaje antropomórfico que nos ayuda a entender en cierta forma quién es Dios usando un lenguaje humano. Por ejemplo, la Biblia usa este lenguaje antropomórfico cuando dice que Dios tiene boca, ojos, brazos, manos, etc... Esto lo hace para mostrarnos quién es Dios y lo que hace usando un lenguaje que entendamos.

Por eso podemos decir que Dios tiene voz o que Dios habla. Así como lo dice el teólogo Kevin Vanhoozer, "hablamos porque Dios nos habló primero.

Precisamente como seres a imagen de Dios, los seres humanos somos agentes comunicativos."[1] Y más adelante dice: "Comunicación es el proceso de compartir (hacer común) algo (por ejemplo, creencias, preocupaciones, gustos, puntos de vista, recuerdos, esperanzas, demandas, ideas) con alguien (un interlocutor) para algún fin por algún medio simbólico (por ejemplo, lenguaje, gesto, imágenes.)"[2] Esto quiere decir que Dios se comunica y se comunica con la intención de establecer una relación de pacto con nosotros donde Él toma la iniciativa de entablar una relación de comunicación.

Lo que hemos visto ahora es que Dios ha escogido usar palabras que comunican Su verdad. Lo que veremos a continuación es la conexión entre la comunicación de Dios y Su imagen en nosotros para que lo representemos en esta tierra con conversaciones transparentes que transforman.

---

1. Kevin J. Vanhoozer, *Remythologizing Theology: Divine Action, Passion, and Authorship* (Cambridge, UK: Cambridge University Press, 2010), 65. Pie de nota 129.

2. Vanhoozer, 212.

CAPÍTULO 2

Creados a Su imagen

Lo que busco hacer en este capítulo es ayudarte a ver que esa imagen de Dios en ti por obra de la gracia de Dios tiene grandes propósitos sobre tu vida. Uno de estos propósitos es que busquemos comunicarnos en una comunidad segura con fines de hablar la verdad buscando ser cambiados por Dios. ¿De dónde saco esta idea? De lo que Moisés escribió en Génesis 1:26–28 donde vemos que hemos sido creados a la *imagen* del Dios trino, que es lo mismo que ser creados a la *semejanza* del Dios trino. Por eso decimos que somos portadores de la imagen de Dios con valor y dignidad.

Esto es importante porque cuando veo a alguien con el valor y la dignidad que Dios le ha dado podré ver la importancia de establecer relaciones francas con el fin de que tanto tú como yo busquemos honrar a Dios como portadores de Su imagen. Cada uno de nosotros tenemos propósito, valor, identidad y funciones que deben corresponder con quién es Dios y vivir según Su voluntad.

Ser creados a la imagen del Dios trino tiene dos realidades: Lo primero tiene que ver con quién es Dios y lo segundo con lo que Dios nos ha dado para vivir para Él.

Es decir, lo *primero* tiene que ver con nuestra identidad en Dios y lo *segundo* con ejercer dicha identidad. Mi primera tarea tiene que ser aprender en la Biblia quien es Dios para que se despierte en mí una ambición santa por conocer más a Dios y así vivir para Él.

¿Por qué conocer más de Dios? Porque fuiste creado a Su imagen. No fuimos creados a la imagen de otro ser humano para ser y hacer lo que otro humano es y hace. No fuimos creados como un animal para comportarnos como animales y actuar solo por instinto. No fuimos creados a la imagen de una cosa-objeto para vivir sin propósito, sin razonamiento y sin palabras. ¡No! Fuimos creados a la imagen del Dios trino. El Dios creador, santo, glorioso, soberano, inmutable, perfecto, que trasciende lo creado, el amoroso Dios lleno de misericordia y compasión, de gracia y de verdad, de paz y de gozo verdadero, de perdón y de transformación. ¡Sí! Hemos sido creados por este asombroso Dios.

Entonces, ¿dónde está tu identidad? ¿Dónde buscas el modelo para ser como eres? Nuestra identidad, o sea quienes somos, viene de ser creados a la imagen de Dios y hemos sido llamados a ejercer dicho privilegio representando a Dios con toda nuestra vida. Ahora bien, ¿qué tiene que ver esto con conversaciones transparentes? Las conversaciones transparentes buscan que otros vean a Cristo en nosotros. ¿Cómo? Con un deseo evidente en nosotros por ser más como Cristo. Este deseo se ve cuando compartimos las áreas en nuestra vida que no lucen como Cristo para que podamos ser transformados por el Espíritu Santo.

Una de las grandes luchas que tenemos es pensar que como cristianos no podemos decir con lo que estamos luchando. Debería ser todo lo contrario, ya que nuestra fe está fundamentada en que solo hay un Salvador sin pecado que nos rescató y perdonó de nuestro pecado. Lamentablemente, a veces pensamos que eso fue en el ayer y que en el hoy tengo que esconder o lidiar con mi pecado a solas. Pero ser creados a la imagen de Dios me hace dependiente de Dios para mostrar que necesité, necesito y necesitaré del mismo Salvador todos los días de mi vida.

Por eso cuando conversamos y somos escuchados vemos un intercambio de transparencia dónde claramente Dios desea amarnos y cambiarnos para no dejarnos en la misma condición pecaminosa en la que nos rescató, perdonó y nos esta santificando. Y para disfrutar lo que Dios ya compró en Cristo, Dios usa personas las cuales nos recuerdan estas verdades del evangelio al ser nosotros transparentes con nuestras luchas, porque nuestra identidad esta en Dios y no en lo que otros piensan de nosotros.

Como veremos en la sección 2, la caída afectó completamente la función correcta de la imagen de Dios en nosotros. Una de estas consecuencias es pretender que no hay nada malo en nosotros, es acusar y culpar a los demás, y pretender que puedo ayudar porque yo no necesito ayuda. Todo esto revela que le damos mucha más importancia a lo que otros piensan de nosotros que lo que Dios dice de nosotros. Al tener clara nuestra identidad en Dios usaremos las conversaciones como medios que Dios nos ha dado para crecer con otras personas en la comunidad de Cristo.

A esto me refería en los números del uno al tres que describen los pilares de la transparencia: (1) Creados a la imagen de Dios, (2) con habilidades de comunicación, (3) para usarlas siendo transparentes dentro de la comunidad de Cristo. Recuerdo que estábamos en un grupo de comunidad en la iglesia que pastoreo y pregunté, ¿por qué debemos ser transparentes? Y una persona rápidamente dijo, "porque hemos sido creados a la imagen de Dios." Esta respuesta entendida y abrazada es la que nos movilizará a la verdadera comunicación. Ya que si no veo la conexión de ser creados a la imagen de Dios con mi comunicación viviré buscando todo tipo de excusa para no practicar la transparencia que transforma. Viviré con amistades superficiales y huiré de amistades donde tomen en serio mi pecado y más que rendir cuentas me exhorten a andar con frutos de salvación.

¿Por qué la conversación es parte esencial en la vida de un ser humano? Porque la comunicación transparente es un regalo de Dios como lo dice Anthony Hoekema, "Nuestro don de la conversación es una imitación de aquel que nos habla constantemente tanto en su mundo como en su palabra."[1] Las conversaciones transparentes que transforman muestran el regalo de hablar con personas que han sido puestas a tu alrededor como evidencias de la gracia de Dios al crearnos para vivir en comunidad. De aquí que ser creados a la imagen de Dios es representar a Dios en Su creación con nuestra comunicación con otras personas a nuestro alrededor.

No podemos pensar que la vida cristiana se vive a solas. Somos salvos por sola fe, pero no para vivir esa fe a solas. Muchos creyentes viven su fe como Chuck Noland, interpretado por Tom Hanks en la película Cast Away (Náufrago). En donde siendo un ejecutivo de Fedex tiene que ir a cumplir una tarea de trabajo en Malasia, pero el avión se estrella y él es el único

---

1. Anthony A. Hoekema, *Created in God's Image* (Grand Rapids, Michigan: Wm. B. Eerdmans Publishing Company, 1986), 71.

sobreviviente. Llega a una isla y aprende a vivir solo o bueno, con su amigo Wilson, una pelota de voleibol. Ser creados a la imagen de Dios te mostrará la necesidad de la comunidad, pero sin un entendimiento claro de esta comunidad podremos reemplazar la comunidad por Wilsons. Sin embargo, somos parte de la familia de Dios, la comunidad de Cristo, el templo del Espíritu Santo. Por lo tanto, vivimos nuestra fe cristiana no en una isla solos, mas vivimos caminando junto a otros glorificando a Dios.

CAPÍTULO 3

Creados para vivir
en comunidad

La transparencia que transforma no se logra viviendo a solas. Ni tampoco rodeado de personas que dices conocer, pero que no se conocen en lo profundo de su ser. ¿Por qué buscar relaciones intencionales para disfrutar la comunidad de Cristo? Porque esto muestra que entiendes que has sido creado a la imagen de la comunidad trinitaria. Hoekema dice: "Los seres humanos reflejan a Dios, que no existe como un ser solitario, sino en comunión, una comunión que se describe en una etapa posterior de la revelación divina como la que existe entre el Padre, el Hijo y el Espíritu Santo."[1] Nosotros reflejamos imperfectamente lo que es la relación perfecta de la trinidad, Dios Padre, Dios Hijo y Dios Espíritu Santo.

Vivir en comunidad no es una opción para el creyente. Así como un recién nacido no puede sobrevivir sin alguien que lo cuide, de igual manera, un creyente saludable necesita de otros creyentes. Quizás te preguntas ¿por qué buscar verdaderas relaciones? Porque Dios

---

1. Hoekema, 14.

nos ha diseñado para que vivamos en comunidad. Permíteme preguntarte ¿Qué es lo que más buscas en una relación? Sea en una persona con la que piensas conocer para posiblemente llegar al matrimonio, un amigo(a) con el que quisieras establecer una amistad duradera y significativa, o relaciones con personas de la iglesia. Creo que no es casualidad que la mayoría de nosotros digamos que lo que buscamos en una relación es "honestidad, confianza, fidelidad y seguridad".

Por ejemplo, el Pew Research Center hizo una encuesta que fue publicada en agosto del 2020 donde dice que el 21% de los entrevistados piensa que hoy en día es más difícil buscar una relación que hace 10 años por un riesgo físico y el riesgo de ser engañados.[2] ¡Engañados! Uno de los grandes problemas para buscar una relación es la falta de honestidad y un compromiso por darse a conocer. Otra encuesta de la misma organización encontró que los amigos están entre las cuatro áreas de la vida que son asociadas universalmente con la satisfacción de la vida.[3] Las personas están pidiendo a gritos ayuda para entender lo que Dios diseñó; personas a Su imagen dentro de una comunidad que practique la verdad en amor. Y es que estas dos encuestas revelan que todos deseamos verdaderas amistades-relaciones. ¿Sabes por qué? Porque hemos sido creados para tener comunidad y no estar solos. Por eso Dios dice "no es bueno que el hombre este solo" en Génesis 2:18–25. Seguro has escuchado estos versículos durante la ceremonia

---

2. https://www.pewresearch.org/fact-tank/2020/08/20/key-takeaways-on-americans-views-of-and-experiences-with-dating-and-relationships/

3. https://www.pewresearch.org/fact-tank/2018/11/20/americans-who-find-meaning-in-these-four-areas-have-higher-life-satisfaction/

de un matrimonio o en una conferencia de matrimonios ya que estos versículos hablan del matrimonio. Sin embargo, también hablan de la necesidad de la comunidad que en este caso es representada por la unión matrimonial de un hombre y una mujer.

En Génesis 2:18–25 vemos que Dios mismo provee la solución a la soledad del hombre, una ayuda adecuada. La ayuda idónea que Adán necesitaba era una que le ayudara a cumplir los propósitos de Dios. ¿Cuáles propósitos? Adorar y proclamar la supremacía de Dios en Su creación. Adán necesitaba una criatura que fuera creada a la imagen de Dios para complementar su llamado de servir al Señor en Su creación. Esta socia o compañera tenía que ser otro ser humano para llevar acabo los propósitos de Dios, con las habilidades dadas por Dios, en la creación de Dios.

Tenía que ser otro ser humano ya que no es lo mismo tener una relación complementaria en una verdadera comunidad con un perro, un gato, un peluche o la "comunidad" de las redes sociales. ¿Sabes por qué? Porque solo los seres humanos han sido creados a la imagen de Dios con el propósito de reflejar a Dios. Para esto Dios nos ha hecho seres humanos con habilidades dadas por Dios como el pensar, sentir, comunicar y gobernar lo que es de Dios. Entonces, sea que estes casado(a) o soltero (a) el llamado es a vivir en comunidad porque no has sido creado para vivir solo.

Que gran bendición la que tenemos con las amistades y hermanos en la fe para caminar juntos. Para el casado nadie puede reemplazar la amistad de transparencia entre el matrimonio, pero esto no quiere decir que no tengan amistades profundas con verdadera comunión que les ayude a crecer en su unión matrimonial. Por lo tanto, los casados como los solteros debemos buscar amistades donde busquemos ser claros con nuestras luchas y recibir consejo verdadero de la Palabra de Dios. Hoy en día con las redes sociales muchos pueden pensar que tienen una gran "comunidad" pero la "comunidad" virtual jamás reemplazará a la verdadera comunidad física e intencional.

No se trata de contar cuántas amistades o familiares tienes a tu alrededor o por la internet. El punto es si con ellos en realidad tienes verdadera comunidad mas que simple compañía para el día a día o likes en tus publicaciones virtuales. Podemos decir que tenemos familia y amigos en la iglesia, pero a la misma vez sentirnos solos porque no hacemos con ellos lo que se supone debe ser parte de la bendición de tener a otros a mi alrededor. ¿Cuál es esa bendición de tener a otros a tu alrededor? Que te ayuden y los ayudes a ser más como Cristo en toda su vida. La tentación que bombardea nuestra vida es aquella que nos hace creer que tenemos amistades y una comunidad en la iglesia donde asisto, sin que nadie me conozca en realidad. En mi iglesia decimos que no queremos simplemente ser iglesia de domingos donde lo fácil es verte cada ocho días y decirnos unos a otros "estaré orando por ti" pero ¿por qué cosas voy a orar si no nos conocemos en realidad?

La razón de este tipo de relaciones superficiales es que muy pocos nos conocen porque "No compartimos el clima de nuestras almas. No compartimos nuestras luchas con el pecado. No compartimos nuestras experiencias de renovación espiritual ni admitimos que estamos sentados en una temporada de oscuridad. Nadie sabe cuándo nuestra alma se siente espiritualmente fría. Tampoco la mayoría de nosotros somos expertos en atraer a otros de esta manera."[4] Que al leer esto pue-

---

4. Drew Hunter, *Made For Friendship: The Relationship That Halves Our Sorrows and Doubles Our Joys* (Wheaton, Illinois: Crossway, 2018), 29.

das por gracia examinar si tu comunidad luce así. Y que por gracia no sigamos viviendo así porque estaremos llevando un peso enorme que Cristo ya llevó en la cruz y ha diseñado Su iglesia para llevarnos las cargas unos con otros (Gál. 6:1–5).

Este es lo que Dios ha diseñado tanto el matrimonio como una comunidad verdadera donde como esposos seamos transparentes para juntos ser transformados, pero también desarrollar relaciones intencionales dentro de la comunidad de Dios, llamada la iglesia. Nuevamente y léelo despacio, no fuiste creado para vivir solo, aislado, y tener relaciones superficiales con otros a tu alrededor. Como vamos a ver más adelante en la sección 2 las consecuencias de vivir en un mundo caído y manchado por el pecado nos llevan a vivir sin deseos por verdadera comunidad y lo difícil que es vivir en transparencia que transforma. Aún siendo redimidos vivimos con la presencia del pecado que nos hace huir de la comunidad con Dios y con los demás. Por eso es que hemos hecho de la amistad y de la comunidad cristiana algo tan simple, tan ligero y sin profundidad. ¿Qué esperamos de un amigo? ¿Qué esperas de una comunidad llamada iglesia? ¿Qué esperas de un hermano o hermana en la fe? Y, muy importante, ¿Qué espera Dios de ti? La falta de comprensión bíblica en este tema de relaciones intencionales y profundas han llevado a que la iglesia no viva para lo que fue llamada a ser, una comunidad transparente para ser transformada.

Por eso al unir de nuevo los cuatro pilares de la transparencia vemos que hemos sido 1) creados a la imagen de Dios, (2) con habilidades de comunicación, (3) para usarlas siendo transparentes dentro de la comunidad de Cristo, y así ser transformados (4) por el poder del Espíritu Santo. ¿Tiene más sentido ahora la definición del fundamento de la trasparencia? Espero que sí y mientras sigas leyendo será mas clara con el propósito de que la practiques. Antes de terminar este capítulo quiero ayudarte a ver lo hermoso y lo serio de invertirnos en la comunidad que Dios ha creado.

En Génesis 1 vemos que al terminar cada parte de la creación Dios vio que era bueno, pero solo al crear al hombre y la mujer Dios vio una creación completa y por eso la llama *bueno en gran manera*. En todo el relato de la creación Dios habla, crea y ve que era bueno טוֹב: 1:4; 10; 12; 18; 21; 25; pero en el v. 31 algo cambia. Dios vio que era *bueno en gran manera* (מְאֹד טוֹב). Al adjetivo *bueno* se le agrega el adjetivo que describe la *abundancia* o lo *bueno de sobremanera* que es lo que Dios hizo: Una creación con criaturas en comunidad para representar Su imagen. Esta porción del relato de la creación es el pináculo-clímax de la creación.

Por eso todo creyente que lee la Palabra de Dios y ve la comunidad en la creación no debe tomar a la ligera ni pasar por alto el llamado a vivir en comunidad porque la comunidad es la buena creación de Dios. Vivir aislado es para el sabio rey Salomón una necedad e imprudencia, "El que vive aislado busca su propio deseo, contra todo consejo se encoleriza." (Prov. 18:1).

El necio dice, "no necesito de nadie ni a nadie", el sabio dice, "necesito a otros como ellos me necesitan a mí." El necio ve su falta de deseo por comunidad como algo normal y por lo tanto, algo que se puede ignorar. El sabio ve su falta de deseo por comunidad con la iglesia de Dios y lucha con la armadura de Dios para apagar las mentiras de Satanás y buscar crecer con otros a su alrededor. ¿Cómo ves la comunidad de la iglesia? Es decir, ¿le das la importancia de invertirte intencionalmente en la iglesia local? O ¿ves la comunidad de la iglesia como una carga? Como pastor, mi oración es que la iglesia vea la necesidad de la comunidad entre los creyentes como la buena provisión en gran manera de Dios para nosotros. Pero la realidad es que cada vez más encuentro creyentes que ven la iglesia y su comunidad como una opción más como ir al supermercado, la piscina o la playa.

También algunos ven la comunidad de la iglesia como un lugar donde me sirven, me atienden, y me entretienen. Pero esto no podría estar más lejos del verdadero significado de la comunidad. Esta comunidad no se centra en lo que me dan como si yo fuera el centro del universo, mas bien buscamos unirnos siendo el cuerpo de Cristo para preservar en la unidad que Cristo ha comprado. ¿Cuándo fue la última vez que adoraste a Dios por tener una comunidad con personas reales en la iglesia local? Y es que la comunidad es un regalo de Dios y al verlo así podremos tener un corazón agradecido como lo dice Bonhoeffer: "Por tanto, el que hasta ahora ha tenido el privilegio de vivir una vida cristiana común con otros cristianos, alabe la gracia de Dios desde el fondo de su corazón. Que dé gracias a Dios de rodillas y declare: es gracia, nada más que gracia, que se nos permita vivir en comunidad con los hermanos cristianos."[5] Que diferencia es cuando vemos la iglesia como un regalo de Dios y estamos agradecidos por Su provisión que nos mueve a vivir con intencionalidad para ser una comunidad segura donde el ser transparentes es un acto de amor para ayudarnos a no quedarnos pasivos con nuestro pecado.

Que se diga de nuestras relaciones lo mismo que se decía del SEÑOR con Moisés, "Y el SEÑOR acostumbraba hablar con Moisés cara a cara, como habla un hombre con su amigo" (Ex. 33:11). Que nos movilicemos a

---

5. Dietrich Bonhoeffer, *Life Together* (New York, NY: Harper & Row Publishers, Inc., 1954), 20.

representar a Dios en nuestras conversaciones con otros
cara a cara, es decir, con completa sinceridad porque
somos amigos. Y que se diga de nuestras relaciones que
no nos hablamos como un señor le habla a su siervo,
pero que tomamos el ejemplo de Jesús cuando le dijo
a Sus discípulos: "Ya nos los llamo siervos, porque el
siervo no sabe lo que hace su señor; pero los he llamado
amigos, porque les he dado a conocer todo lo que he
oído de Mi Padre" (Juan 15:15). Amigos que se hablan
cara a cara dándose a conocer completamente porque
somos amigos. Este tipo de relaciones donde la transparencia que transforma abunda en las conversaciones es
obra del Señor, por lo tanto, no dejemos de orar y pelear
contra Satanás que busca engañarnos tentándonos para
no buscar este tipo de relaciones.

SECCIÓN 2

La transparencia perdida

Uno de los pastores que mas ha influenciado mi vida dice que es mejor leer despacio con un lápiz en la mano para comprender mejor lo que estoy leyendo. Con esto en mente quiero animarte a que no leas por leer, lee para entender porque cuando entiendes lo leído podrás vivir lo aprendido. ¿Recuerdas cuáles son los cuatro pilares de la transparencia? ¡Escríbelos! Ahora revisa si los tienes bien: hemos sido (1) creados a la imagen de Dios, (2) con habilidades de comunicación, (3) para usarlas siendo transparentes dentro de la comunidad de Cristo, y así ser transformados (4) por el poder del Espíritu Santo.

Estos cuatro pilares son tomados de la definición que compartí en la sección uno: *Hemos sido Creados a la imagen de Dios para crecer en comunicación en la comunidad de Cristo siendo transparentes con el fin de ser transformados por medio del poder del Espíritu Santo.* Todos tenemos la misma necesidad de ser transformados porque la imagen de Dios en nosotros fue distorsionada por el pecado. En esta sección 2, veremos que esta necesidad de ser transformados no se presenta naturalmente o en independencia del Señor. Ya que si la transformación dependería de nosotros mismos jamás buscaríamos de

Dios, ni desearíamos ser como Dios ni mucho menos buscaríamos amistades profundas que luchen juntos contra el pecado.

Este pecado en nosotros hace que tengamos conversaciones donde no hay fruto en la conversación. Donde entre más se habla mas se incrementa el pecado. Conversaciones donde hemos causado y nos han causado dolor con palabras hirientes. ¿Cómo respondes ante tu pecado y el pecado de alguien más? Para algunos la solución es el aislamiento y las relaciones superficiales. Pero tú que ya leíste la sección 1 sabes que esto sería vivir en contra del buen diseño de Dios. Entonces, en vez de huir o herirnos con las palabras tenemos que preguntarnos, ¿por qué es tan difícil practicar la transparencia? Recuerda que *La transparencia es abrir mi corazón al comunicar las cosas de adentro con el fin de que quien me escucha me muestre a Cristo para ser transformado a la imagen de Cristo.*

En cierta ocasión, estaba hablando con una persona que acostumbraba a decir las cosas mal o suponer lo peor de otros a su alrededor. Cuando me acerqué a esta persona le dije: "pienso que no está bien que respondas con enojo ni que supongas lo peor de otros. Ya que esto no es lo que Dios quiere de ti porque Él desea que imitemos a Cristo." ¿Sabes cuál fue su respuesta? Esta persona me dijo: "Yo soy así, y te digo de una vez para que sepas como yo soy porque yo digo las cosas de frente y no me gusta andar con rodeos, yo soy transparente." Es aquí donde veo que hemos mal entendido el significado de la transparencia bíblica. Hemos abrazado lo que el mundo practica, transparencia sin transformación. Nos hemos quedado en la mitad del camino, porque no basta con decir, "Yo soy así" ya que Cristo desea transformarnos a Su imagen porque la imagen de Dios fue distorsionada por el pecado.

Te has preguntado alguna vez ¿por qué es tan difícil abrir mi corazón para buscar ser cambiado por Dios? La respuesta a esta falta de deseo y el poco apetito por ser honestos se debe a que vivimos en un mundo caído por el pecado. Vivimos con la imagen de Dios distorsionada como consecuencia de la caída con corazones que buscan esconder y minimizar su pecado. Lo que pretendo hacer en los capítulos del 4–6 es identificar el terreno espiritual de la creación y nuestro corazón para ver el milagro de la obra transformadora de la redención de Cristo en la sección 3.

CAPÍTULO 4

La Imagen de Dios
distorsionada
en nosotros

Después de Génesis 3 todo cambió completamente al grado que Moisés dice: "El SEÑOR vio que era mucha la maldad de los hombres en la tierra, y que toda intención de los pensamientos de su corazón era solo hacer siempre el mal" (Gén. 6:5). Estas palabras muestran que la imagen de Dios en nosotros los seres humanos fue distorsionada y Su creación corrompida. Ahora vivimos en un mundo como lo dice David Atkinson "El mundo visto a través del cristal roto del capítulo 3 ya no es un mundo normal. Todo es ambiguo; ya nada es 'muy bueno'."[1] ¿Qué decir de nuestra transparencia? Ahora somos ambiguos ya que nos comportamos o hablamos de maneras no claras sino damos vueltas para no llegar a la realidad del corazón. Somos rápidos para tener relaciones donde culpamos a otros por nuestro pecado como lo hicieron nuestros padres Adán y Eva.

---

1. David Atkinson, *The Message of Genesis 1–11* (Downers Grove, Illinois: Inter-Varsity Press, 1990), 29.

En Génesis 3:1–7 vemos la historia de cómo la primera comunidad pecó contra el Sabio y Santo Dios prefiriendo creer las mentiras de Satanás en vez de las verdades de Dios. Por eso lo bueno de Dios se ha convertido en lo malo del hombre para manchar la creación de Dios. No podemos leer el relato de Génesis 3 sin entender lo que vimos en Génesis 1–2 en la sección anterior. Ya que sin regresar a Génesis 1–2 no hará sentido las consecuencias que Dios da por el pecado, ni veremos la seriedad de la ofensa contra Dios, lo engañoso del pecado y la astucia de la serpiente. Déjame darte una ilustración para que veamos la necesidad de entender la escena de la caída después de la escena de la buena creación de Dios.

Soy hincha del Barcelona. Era el partido de fútbol que estaba esperando, Barcelona le había ganado 3-0 a Liverpool en la Liga de Campeones y ahora jugarían el según partido. Era 7 de mayo del 2019 y realmente estaba muy confiado, teníamos a Messi en buena forma y estábamos celebrando todavía ese 3-0. Digamos que ese día vienes a mi casa sin saber nada del partido anterior y miras el resultado de Liverpool ganando 4–0 en el minuto 80 y me dices, "que goleada y se ven que están bien frustrados los jugadores del Barcelona por el resultado del 4–0." Yo te diría no es solo el resultado del 4–0 que duele, es que ya habíamos ganado el partido anterior 3–0. La pérdida del Barcelona se hace más dolorosa por la victoria que tuvo en el primer partido.

Obviamente esto es tan solo una ilustración que jamás podrá compararse con la tristeza, el dolor y las consecuencias serias de haber escogido pecar y no glorificar al Buen Dios. Pero comparto esta ilustración porque deseo que veamos que Moisés es muy intencional en conectar Génesis 2 con Génesis 3 para ver la seriedad de lo que se perdió. Estos dos capítulos están unidos gramaticalmente y teológicamente. Gramaticalmente por la conjunción "Y" ya que Moises la usa para conectar y continuar su relato de la creación con el relato de la caída. Pero también están conectados teológicamente ya que este mundo bueno de Dios no se quedó así porque entró el mal llamado el pecado a corromper la buena creación de Dios.

Por eso al pasar la página y leer el capítulo tres se espera que el lector vea lo grave, lo horrible, lo triste del pecado de Adán y Eva al rechazar al glorioso Dios. Es aquí en el relato de la caída que Moisés presenta la serpiente astuta como nuestro enemigo que busca engañar nuestro corazón. Satanás no es cualquier personaje, es uno que ha traído mucho dolor, confusión, distorsión porque es el padre de la mentira (Juan 8:44).

¿Por qué es importante entender cómo obra esta serpiente astuta? Porque no podemos pelear la batalla sin conocer al enemigo. No podemos sacar lo que huele mal sin tener un buen olfato, no podemos tener cuidado de los peligros de la calle si no tenemos buena vista, no podemos entender la tentación y el pecado si no conocemos quién está detrás de la tentación y el pecado. No buscaremos ser transparentes con otros si no vemos que Satanás busca tentarnos al aislarnos de la comunidad con Dios y los demás. Si no vemos la seriedad de una lucha en conjunto por el pecado, es porque Satanás con su astucia ha ganado terreno en nuestro corazón.

La palabra que Moisés usa para describir a la serpiente es *astuta* (עָרוּם), esta palabra no siempre describe algo malo. Por ejemplo, en Proverbios Salomón la usa para contrastar al necio con el prudente-astuto. Sin embargo, la astucia que Moisés tiene en mente aquí está ligada con la intención de maldad que tiene la serpiente al usar su astucia para buscar lo malo y no lo bueno.

Entonces, ser astuto no es algo malo si la astucia con la que obramos busca glorificar a Dios y no dañar, y engañar al prójimo. Pero Satanás sí esta buscando dañarnos y engañarnos para que no seamos transparentes unos con otros porque no quiere que seamos transformados por el Señor.

Por eso tenemos que estar vigilantes para no caer en las mentiras de Satanás. Esta lucha contra sus mentiras y nuestro pecado se hace desde una plataforma de vigilancia en momentos de guerra y no desde una hamaca en la playa con una coca-cola en la mano. Estamos hablando de un enemigo real que busca engañar a tu peor enemigo, tu corazón. Lo que Satanás pretendía en la tentación del Edén era tergiversar las palabras de Dios. Nuevamente, Dios usa Sus palabras para comunicar verdades, más Satanás usa sus palabras engañosas para tergiversar las verdades de Dios. Por lo tanto, el ataque de Satanás es directo contra la Palabra de Dios para traer confusión y presentarnos "algo mejor" con engaños fuera de la verdad de Dios para hacernos creer que podemos llegar a ser como Dios.

Tomemos las siguientes preguntas para ver cómo Satanás usa su astucia para engañarnos y tentarnos para que pequemos. ¿Cómo respondes ante una diferencia con alguien que conoces? ¿Piensas lo peor de esa persona? O ¿le das el beneficio de la duda? Satanás desea que nosotros no demos ni un poco de beneficio de la duda, es más, siempre quiere sembrar duda, confusión y que lleguemos a conclusiones sin ni siquiera preguntar a la otra persona por qué hizo lo que hizo. Satanás conoce nuestro corazón y buscará tentarnos para destruirnos unos a otros. Por eso la advertencia del apóstol Pablo a las iglesias de Galacia, "Pero si ustedes se muerden y se devoran unos a otros, tengan cuidado no sea que se consuman unos a otros" (Gál. 5:15).

Nuestras conversaciones con transparencia no buscan ser usadas como un arsenal para destruirnos, sino para edificarnos. Satanás no trabaja para que nos edifiquemos, trabaja para que nos demolemos. Y lamentablemente a veces somos sus empleados destruyéndonos unos a otros con palabras que salen de nuestra boca. La estrategia satánica busca cambiar lo dicho por Dios de una manera sutil, "¿Conque Dios les ha dicho: No comerán de *ningún* árbol del huerto?" 3:1. Todo comienza con una estrategia de cambio y este cambio siempre es del bien al mal al presentar las Palabras de Dios como exageradas y extremistas. Pero lo que vemos en la creación es que las palabras de Dios contienen provisión y prohibición. Palabras de *provisión* porque Dios le dijo a Adán que podía comer de *todo* árbol del huerto (2:16). Y palabras de *prohibición* porque Dios sí le dijo a Adán que no podía comer del árbol del conocimiento del bien y del mal (2:17).

Entonces, Satanás no solo cambia las palabras de Dios, pero busca engañarnos para que dudemos la Palabras de Dios. La serpiente dice, "Ciertamente no morirán. Pues Dios sabe que el día que de él coman, se les abrirán los ojos y ustedes serán como Dios, conociendo el bien y el mal." Satanás fundamenta su engaño atribuyéndole a Dios algo que Él sabe, pero según Satanás Dios no quiere que se sepa. Entonces, ¿quién sabe más? ¿Satanás o Dios? ¿A quien vas a creer? Aquí vemos que Satanás quiere cambiar y sembrar duda en las consecuencias que vendrían al desobedecer a Dios y las presenta como oportunidades de ser como Dios.

Lo que vemos es una oferta engañosa para no creer en la consecuencia segura de muerte por la desobediencia a Dios para creer en una oferta falsa de ser como Dios. La serpiente astuta y amante del orgullo busca hacernos creer que nos merecemos ser como Dios, saber como Dios, pensar como Dios, y decidir como Dios. En otras palabras, la tentación más grande de nosotros es pensar que podemos no solo cuestionar a Dios, pero demandar a Dios que nos haga igual a Él.

Satanás busca continuamente que pensemos que somos autónomos, es decir, que regulamos nuestras propias reglas o normas de conducta según lo que nosotros preferimos y creemos que está bien. De aquí que una de las consecuencias del pecado y que daña nuestra trasparencia es que rechazamos someternos a las autoridades. Esto tiene que ver mucho con el pensamiento moderno que está en contra de toda autoridad y por ende toda institución que tenga personas responsables por decirme qué hacer y qué no hacer son vistas como amenazas de mi libertad. No nos gusta que nos digan lo que está mal y nos molesta si lo que hago no es aplaudido o aceptado por otros.

Hemos creído la mentira de Satanás que somos independientes, autónomos y capaces de dirigir nuestra vida sin el consejo de Dios y de otros a mi alrededor. Nos gusta unirnos en tribus o grupos de personas que no contradigan lo que pienso y que afirmen todo lo que pienso. Por eso es que a raíz de la caída no nos gusta la transparencia que nos transforma. Porque esto nos hace vulnerables a que otros nos vean y nos digan por amor y con gracia lo que no está bien en nuestro corazón. Pero necesitamos de otros porque la tentación es engañosa y solos no podemos.

CAPÍTULO 5

Lo engañoso
de la tentación

En el capítulo 4 vimos que Satanás busca cambiar las Palabras de Dios y sembrar duda en lo que Dios dice. Satanás ha logrado esto en cierta manera no porque la Palabra de Dios pueda ser cambiada o dudada en su fundamento de ser la Palabra de Dios. Lo que Satanás hace es convencer a personas que la Palabra de Dios puede ser cambiada y desconfiada. Por eso al creer las mentiras de Satanás como consecuencia de nuestro pecado, la imagen de Dios ha sido distorsionada en nosotros. Un ejemplo de esto es ver cómo aún dentro de la iglesia hemos minimizado y rebajado la seriedad del pecado como Dios lo describe en Su Palabra.

El gran teólogo Cornelius Plantinga escribe sobre esta realidad con el paso de los años al decir: "La conciencia del pecado solía ser nuestra sombra. Los cristianos odiaban el pecado, lo temían, huían de él, se afligían por él. Pero ahora la sombra se ha atenuado. Hoy en día, la acusación de que *usted ha pecado* es a menudo con una sonrisa y con un tono que indica una broma interna."[1]

---

1. Cornelius Plantinga Jr., *Not the Wat It's Supposed to be: A Breviary of Sin* (Grand Rapids, Michigan: Wm. B. Eerdmans Publishing Co., 1995), ix.

No solo se ha convertido en broma el pecado, sino que es una ofensa si alguien con amor, gracia y humildad apunta tu pecado. Hoy día el pecado es algo normal y por ende la tentación no es resistida. Esto quiere decir que Satanás con sus engaños ha logrado tentar eficazmente a muchos para que crean lo que Satanás ofrece. El pelear con esta tentación se debe hacer con otros a tu alrededor porque en muchas ocasiones no verás tu propio pecado.

Hace muchos años leí el libro de la humildad escrito por el pastor C. J. Mahaney y en su libro comparte una excelente ilustración para ver la necesidad de otros a mi alrededor. Cuenta que una ocasión leyó la historia de un hombre que estaba desayunando con su familia en un restaurante, cuando de repente se da cuenta de otro hombre bien vestido con un traje Armani, camisa bien planchada que combinaba perfectamente con su corbata. Tenía zapatos bien lustrados y estaba bien peinado y un bigote bien cuidado. El hombre estaba solo comiendo un bagel mientras se preparaba para una reunión. Leyó los documentos que tenía frente a él y estaba nervioso constantemente mirando su reloj Rolex. Mientras el hombre se preparaba para irse, se alistó sin darse cuenta que su bigote estaba manchado con queso crema y así salió del restaurante. El hombre que estaba con su familia se dijo así mismo: "Este hombre saldrá al mundo bien vestido pero con queso crema en su bigote." Después pensó ¿será que alguien le dirá del queso crema en su bigote? ¿Tengo que decirle yo? Y ¿qué si nadie le dice?[2]

Ahora permíteme preguntarte: ¿Qué harías tú? O ¿Qué te gustaría que otros hicieran si fueras tú con el

2. C. J. Mahaney, *Humility: Tru Greatness* (Colorado Springs, CO.: Multnomah Books, 2005), 123–124.

queso crema en tu cara? Esta ilustración muestra la necesidad de otros a nuestro alrededor para que nos digan lo que no podemos ver por nosotros mismos. De aquí que la lucha contra el pecado es un proyecto en comunidad. Y esta comunidad es una comunidad sometida a la Palabra de Dios. Somos criaturas de la Palabra y estar sometidos a Dios es estar sometidos a Su Palabra y el fruto de este sometimiento es aprender a ver cómo la tentación trabaja para no ceder al pecado y ayudar a otros a estar firmes contra las insidias del diablo (Ef. 6:10–17).

Al mirar el relato de la caída aprendemos mucho de las estrategias de Satanás que no han cambiado como tampoco ha cambiado el lugar donde Satanás busca tentarnos, nuestro propio corazón. En Génesis 3:6 la serpiente engañó a Eva para hacerle ver que de algo no deseable y de abstenerse, lo viera como algo agradable y deseable. En otras palabras, Eva y Adán dejaron de creer las sabias palabras de Dios y creyeron las mentiras de Satanás. Ellos no usaron bien el tiempo ya que tuvieron el tiempo suficiente para pensar en lo dicho por la serpiente y rechazarlo. De aquí que Pablo dice lo importante de aprovechar bien el tiempo porque los días son malos (Ef. 5:16).

Antes de pecar tienes la oportunidad de evaluar la tentación y luchar para no ceder a la tentación con las promesas de Dios en Su Palabra. Antes de perder tiempo meditando en las atractivas mentiras de Satanás, eres responsable de meditar, estudiar y leer por el poder del Espíritu Santo sobre la gracia de Cristo para resistir las asechanzas de Satanás. Antes de ceder ante la tentación y pecar tienes una comunidad para llamar y buscar ayuda. ¿Tienes una comunidad que te ama y te cuida para que no estes solo ante la tentación? Una de las más grandes bendiciones que Dios me ha dado es rodearme de hermanos que oran por mí y buscan ver mi vida cada vez mas como la de Cristo.

Puedo decirte que lo que ha sostenido en gran parte mi matrimonio han sido esos momentos cuando con mi esposa buscamos ayuda con hermanos que aman a Cristo, odian el pecado, y buscan tu bien en Cristo. Estas características son vitales en ti como en aquellos que vas a buscar para ser transparente: Aman a Cristo, odian el pecado, y buscan tu bien en Cristo. Tienes que saber que aquellos que vas a buscar aman a Cristo porque si no lo más seguro es que su motivación no va hacer glorificar a Cristo en la conversación.

También es importante que odien el pecado. Sé que la palabra odiar es fuerte, pero caracteriza la manera que Jesús nos llama a ser radicales con el pecado como lo vemos en Mateo 17:8–9. Es estar tan convencido que el pecado no trae nada bueno que estamos dispuestos a cortar todo aquello que nos lleva a pecar. De igual manera, necesitamos hermanos como el apóstol Pablo que busquen nuestro bien, no negocien el pecado ni lo coloquen debajo de la alfombra, pero que nos confronten con la verdad, gracia, y amor. Así fue en el caso de Pablo con Pedro en Gálatas 2:11–14.

Quizás a primera vista no vemos a Pablo siendo amoroso con Pedro. Sin embargo, al ver a Pedro estando condenado o en pecado no se quedó callado. Se opuso a Pedro firme en sus convicciones y por amor se mantuvo firme ante el pecado de Pedro. Ya que la motivación de Pablo era el amor por el evangelio y al ver a Pedro no andando con rectitud en cuanto a la verdad del evangelio, se opuso a él cara a cara, porque era de condenar o ser censurado. Esto no quiere decir que nuestro llamado es a condenar a otros que no están caminando en la rectitud del evangelio.

Esta palabra *condenar* es un infinitivo que describe la condición del apóstol Pedro, mas que la acción de Pablo. Es decir, la acción de Pedro por sí sola lo condenó, estaba pecando delante de Dios. No fue Pablo quien lo condenó, Pablo respondió a su pecado. Pablo pensó primero en la situación de Pedro delante de Dios por su pecado, antes de pensar en su situación delante de los hombres y por eso la motivación de Pablo fue edificar a Pedro con el evangelio.

¿Quién es el Pablo en tu vida? Esos hermanos que al llamarlos buscan el tiempo para aconsejarte con la Biblia, apuntar tu pecado con gracia y darte pasos a seguir con amor para ver fruto en tu vida. Hacemos esto porque la lucha contra Satanás es real. Como dice Andy Naselli: "la serpiente es el animal salvaje astuto. Su primera estrategia no es devorar sino engañar."[3] Así pasó con Eva, fue engañada por la astucia de la serpiente y amó lo que sus oídos escucharon y sus ojos vieron. De aquí la importancia de entender que la tentación entra por los oídos y los ojos con fines de llegar hasta el corazón y ganar terreno en los afectos y pensamientos. Por eso lo que ves o lo que escuchas en gran parte determina como te comportas y esto muestra lo que hay adentro de tu corazón. El mundo te presenta algo sea por tus oídos o por tus ojos y el engaño de la tentación es hacerte amar lo que el mundo ofrece y es contrario a Dios.

Ahora bien, ¿cómo luce una conversación entre hermanos que luchan contra el pecado en su corazón? Es una conversación sincera que busca cortar de raíz el pecado. Para cortar de raíz el pecado no podemos compartir los síntomas del pecado. No podemos decir

3. Andrew David Naselli, *The Serpent and The Serpent Slayer* (Wheaton, Illinois: Crossway 2020), 34.

"estoy luchando con malos pensamientos, oren por mí," ya que esto es muy superficial. La idea es que con aquellos que Dios ha puesto en tu congregación se conozcan tan bien como para luchar contra el pecado y celebrar las victorias contra el pecado. Es diferente cuando alguien dice: "estoy luchando con pensamientos de mirar pornografia" ya que esto es más claro y puede recibir una ayuda más directa.

Por ejemplo, el que lucha con la pornografia en sí ya tiende a ser muy aislado y por eso es necesario ayudarle a ver la necesidad de la comunidad de Cristo. Aquellos que caminan con esta persona le recordarán que la búsqueda por placer o satisfacción verdadera no se encuentra en el placer temporal y erróneo que la pornografia promete. En cambio, pueden juntos meditar en el Salmo 16:11: "Me darás a conocer la senda de la vida; En Tu presencia hay plenitud de gozo; En Tu diestra hay deleites para siempre." Juntos estudian la Palabra, oran y establecen un plan donde se sometan a Dios para resistir al diablo porque el huirá de ustedes (Sant. 4:7). Esto es tener a otros a tu alrededor para que cuando no veas el queso crema en tu cara, otros con amor y gracia te lo digan para quitarlo de tu cara.

De aquí que la lucha contra el pecado es consecuencia de la caída, por eso buscamos la transparencia que transforma mirando al corazón en la esperanza de la obra redentora de Cristo.

CAPÍTULO 6

El problema del corazón

Hasta el momento hemos visto que la transparencia tiene como fin la transformación porque es la intención de Dios como un medio para luchar contra el pecado. Por eso es que *La transparencia es abrir mi corazón al comunicar las cosas de adentro con el fin de que quien me escuche me muestre a Cristo para ser transformado a la imagen de Cristo.* En otras palabras, la lucha contra el pecado no es superficial, es profunda. No es externa, es interna. No es a solas, es en comunidad. No es en mis fuerzas, es en las fuerzas del poderoso Salvador.

Entre más tiempo pastoreo me doy cuenta de la necesidad de entender la seriedad de las consecuencias del pecado y la lucha en el corazón. La caída lo cambió todo. De vida a muerte. De verdad a engaño. De transparencia segura a escondernos por la vergüenza de nuestro pecado. De amor verdadero a rivalidad entre hermanos como Caín que mató a su hermano Abel. Todo cambió porque la maldad de la humanidad incrementó como consecuencia del pecado con un corazón inclinado hacia el mal y endurecido por su necedad. Si no entendemos la seriedad, lo engañoso, y horrible del pecado no veremos la necesidad de Cristo y Su iglesia para juntos ser transparentes con fines de ser transformados a la imagen de Cristo.

En Génesis 3:7 vemos las consecuencias de la desobediencia a Dios. Cuando Adán y Eva pecaron "fueron abiertos los ojos de ambos." Lo que la serpiente les ofreció como algo bueno, vemos que su resultado no fue nada bueno. Ya que al ser sus ojos abiertos no los llevó a ser como Dios, sino a huir de Dios. ¿Qué busca Satanás? Que no te acerques a Dios, lo que busca continuamente es que te escondas de Dios. Que rechaces Sus ofertas de gracia y amor, para que abraces las mentiras de Satanás con sus ofertas de desgracia y vergüenza.

La caída de Adán y Eva distorsionó la imagen de Dios en nosotros, los seres humanos. No perdimos la imagen de Dios por el pecado, pero sí se perdió la función correcta de la imagen de Dios en nosotros porque hemos heredado una corrupción total. Por eso nos cuesta ser transparentes ya que por el pecado preferimos las apariencias antes que la transformación. Cuando se abrieron los ojos de Adán y Eva se dieron cuenta de que habían pecado ante Dios y la sentencia de culpabilidad trajo vergüenza, condena y muerte. Los ojos de Adán y Eva fueron abiertos no para llegar a ser como Dios que es Santo, Perfecto, Bueno y Justo, pero para darse cuenta de que habían pecado en gran manera. Una vez que sus ojos fueron abiertos vemos tres cosas que pasaron como consecuencia de su pecado. Primero *"conocieron que están desnudos"*. Ahora bien, este conocimiento no es algo nuevo en el sentido de conocer que estaban desnudos, ya que en el 2:25 nos aclara la diferencia de este tipo de desnudez a la desnudez después de la caída. En el 2:25 estaban desnudos, pero no se avergonzaban. ¿Por qué la Palabra aclara esto? Porque el problema no es que estaban desnudos, el problema es que después de pecar el estar desnudos trajo vergüenza y miedo delante de la presencia del Dios Santo.

Al tener los ojos abiertos conocieron su maldad delante del Santo SEÑOR y eso les hizo esconderse en vez de acercarse al SEÑOR. Su inclinación ahora es esconderse no solo detrás de un árbol, sino con sus hojas buscar la provisión que cubra su vergüenza en vez de buscar al Proveedor y confesar su pecado. Te pregunto ¿Qué haces cuando pecas? ¿Confiesas tu pecado a Cristo como una muestra que no deseas huir de Él, pero por Su gracia venir a Él? Al confesar nuestro pecado estamos viviendo el evangelio. Ya que cuando estábamos escondidos por la vergüenza y muertos en nuestro pecado, Cristo nos amó, nos buscó y nos salvó. Estas gloriosas verdades del evangelio de Cristo serán explicadas en la próxima sección.

Lo segundo que Adán y Eva hicieron fue *"cosieron hojas de higuera."* Se hicieron algo para cubrir su culpabilidad y vergüenza. La desnudez que vemos después de la caída no solo es una consecuencia del pecado, también, es resultado de la condenación de parte del Santo Dios. La desnudez después de la caída es la revelación mas allá del cuerpo, ya que revela la condición pecaminosa del corazón. Es estar vulnerable no solo físicamente, sino espiritualmente. La desnudez que trae vergüenza y temor es consecuencia del pecado.

Por eso somos expertos en esconder nuestro corazón y no mostrar nuestra vida como en realidad es delante del SEÑOR. Un ejemplo de esto es cuando solo pensamos en lo que otros nos han hecho, y por eso somos expertos en ser víctimas. Obviamente, hay casos donde existen las verdaderas víctimas, pero hay muchos casos donde rápidamente por solo una persona sentirse víctima aunque no sea cierto, elimina toda responsabilidad por su pecado. De aquí la necesidad de los Pablos en tu vida para con amor, gracia y firmeza te escuchen para llegar a tu corazón.

¿Por qué la lucha es contra tu propio corazón? Esto se debe a la seriedad que la Biblia le da a el corazón. Cristo le explicó a Sus discípulos que lo que contamina al hombre no es lo que entra por la boca, pero lo que sale de la boca proviene del corazón, (Mat. 15:19-20). Cristo dice esto con un peso bíblico ya que la palabra corazón en hebreo לֵב es mencionada alrededor de 594 veces y significa lo interno del ser humano, el lugar donde están depositados mis pensamientos, mis afectos, mis inclinaciones y hasta mi conciencia (1 Sam. 24:5). Como algunos han dicho, el corazón es la silla de mis afectos, emociones, pasiones y pensamientos. El corazón es el lugar donde radica lo que mas atesoro y lo que mueve toda mi vida sea para bien o para mal. De aquí la importancia que Dios le da a nuestro corazón.

Podríamos resumir el corazón de la manera que lo hacen los profetas Isaías y Jeremías: el corazón es un corazón duro (Is. 47:7); un corazón malvado (Jer. 3:17); un corazón terco y rebelde (Jer. 5:23); incircuncidado (Jer. 9:26). Y el pecado está grabado sobre la tabla del corazón (Jer. 17:1). Por eso las sabias palabras de Jeremías al decir: "Mas engañoso que todo es el corazón, y sin remedio; ¿quién lo comprenderá?" (Jer. 17:9). La respuesta a esta pregunta es solo Cristo puede entender nuestro corazón y solo Cristo puede cambiar nuestro corazón.

Al regresar al huerto del Edén vemos que lo tercero que hicieron después de tener los ojos abiertos y coserse hojas fue "*hacerse delantales.*" Al terminar sus delantales para cubrirse esperaban que funcionara su obra externa para cubrir su pecado interno en el corazón. Pero ¿qué dijo el SEÑOR? Él le preguntó a Adán en el 3:11:

"¿Quién te ha hecho saber que estabas desnudo?" La pregunta no es, ¿te sirve lo que has hecho para cubrirte? Sino ¿por qué has buscado cubrirte? El SEÑOR quería llegar al corazón de Adán para que Adán supiera que había pecado.

La conciencia limpia e inocente de Adán y Eva se perdió por el pecado, como lo dice el teólogo John Collins: "La confección de ropa muestra que la feliz inocencia acerca de su desnudez de 2:25 ya no se sostiene."[1] Por eso Dios busca que lleguemos a la raíz del pecado y esto lo hace usando medios como personas en tu vida que te aman para mostrarte las áreas de pecado en tu vida.

Por la gracia de Dios en Cristo podemos redimir las palabras, las conversaciones y las intenciones de ayudar en vez de destruir. Como digo en mi iglesia, la transparencia que transforma necesita dos personas. La persona que comparte sus luchas necesita la valentía del evangelio para confesar su pecado y la persona que escucha necesita la fidelidad del evangelio para apuntar al otro a Cristo. Esto es de suma importancia porque lo que más he escuchado de mis hermanos es que les cuesta abrirse porque fueron heridos con personas que los escucharon pero no fueron fieles porque compartieron con otros lo que se les confió.

Por eso es de tanta importancia guardarse del chisme y de dañar a otros con nuestras conversaciones. Muchos no tienen el dominio propio, la sabiduría y el amor para no compartir con otros lo que se les ha confiado. Lamentablemente es un diario vivir en muchas congregaciones donde en vez de crear una cultura de la verdad

---

1. C. John Collins, *Genesis 1–4: A Linguistic, Literary, and Theological Commentary* (Phillipsburg, New Jersey: P&R Publishing Company 2006), 173.

y seguridad al buscar ayuda con otros, se vive hablando de otros en vez de ir a las personas con amor para juntos ayudarse. A esto es lo que nos referimos cuando decimos que las funciones de la imagen de Dios fueron perdidas ya que no las usamos como deben ser usadas.

Anthony Hoekema dice, "El don (regalo) de la palabra se usa para maldecir a Dios en lugar de alabarlo. El hombre utiliza el don de la palabra para decir mentiras en lugar de la verdad, para lastimar a su vecino en lugar de ayudarlo."[2] Por eso Santiago dice en el 3:6 que "la lengua es un fuego, un mundo de iniquidad." Pregúntate: ¿cómo uso las palabras que salen de mi boca? ¿Para glorificar a Dios y bendecir a los demás? O ¿para culpar a Dios y herir a los demás? Recuerda que el pecado no solo hace que pequemos contra Dios y otros, también nos hace negar el pecado y escondernos de otros para no ser ayudados. El ser transparente al abrir mi corazón es ahora posible porque Cristo cubrió nuestra vergüenza como el cumplimiento de lo que Dios hizo con Adán y Eva en Génesis 3:21. Esto lo hizo Dios después de haber prometido el evangelio en 3:15 con miras a la llegada de Cristo.

Por eso el autor de Hebreos dice en el 9:14: "¿cuánto más la sangre de Cristo, quien por el Espíritu eterno Él mismo se ofreció sin mancha a Dios, purificará nuestra conciencia de obras muertas para servir al Dios vivo?" Bendito sea Cristo que nos quitó toda vergüenza para no vivir escondiéndonos. Nos hizo libres ya que hemos sido perdonados para luchar contra el pecado en las fuerzas del Espíritu con la iglesia de Cristo.

---

2. Hoekema, 84.

Y si todavía preguntas: ¿por qué luchar contra el pecado juntos? Porque "El pecado que desintegra nuestras comunidades y nos aleja unos de otros es lo que puso a Jesús en la cruz. Él experimentó el peor aislamiento y el peor mal: la separación de Dios Padre. Relacionalmente fue separado de la comunidad eterna de la Trinidad. En el intercambio, nos dio el mayor bien, la reconciliación con Dios y con los demás, haciendo posible la comunidad."[3]

Bendito sea Dios que no nos dejó con una conciencia condenada a vivir en vergüenza por nuestro pecado y escondiéndonos de Él y de los demás.

Somos perdonados para comenzar a vivir en transparencia que transforma. Comienza a caminar con alguien que ha mostrado ser un creyente que ama a Cristo, odia el pecado, y busca lo mejor de ti ya que no te condenará por tu pecado ni te dejará en tu pecado. Ora y busca oportunidades para crecer espiritualmente con los que están a tu lado, puedes comenzar compartiendo tus luchas con un pecado específico, tu deseo por cambiar y tu compromiso de ser obediente a Dios.

---

3. Brad House, *Community: Taking Your Small Group Off Life Support* (Wheaton, Illinois: Crossway 2011), 32–33

SECCIÓN 3

La transparencia practicada

No sabes las ganas que tenía de llegar a esta sección. Mientras escribía los capítulos anteriores no podía dejar de pensar en el gozo que trae a mi corazón la obra gloriosa de Cristo. Ahora podemos completar el rompecabezas de como se practica la transparencia que transforma en Cristo. En estos próximos capítulos del 7–9 quiero que veamos como Pablo exhorta a tres iglesias a ser transformados mientras caminan con otros a su alrededor. Estas iglesias son la iglesia de Corintios, la iglesia de Éfeso y por última la iglesia de Colosas. La idea es ver como Pablo les ayuda a entender que deben haber cambios en sus vidas por la obra perfecta de Cristo.

El sacrificio de Cristo en la cruz es el medio que el SEÑOR usó para comprar nuestra salvación y asegurar un cambio de nuestro duro corazón. Ese corazón necio y rebelde que nos tenía cautivos y prisioneros del pecado, ha sido regenerado para que ahora tengamos libertad para ser siervos de Cristo, (Rom. 6:21–23). Dios prometió circuncidar nuestro corazón, (Deut. 29:3); escribir Su Palabra en nuestro corazón, (Jer. 31:33); y darnos un corazón de carne, (Ezeq. 36:26). Y sí que lo hizo perfectamente en el Perfecto Cristo. ¿Para qué este cambio radical en nuestro corazón?

Para vivir vidas transformadas por Cristo y ya no vivir como antes: "necios, desobedientes, extraviados, esclavos de deleites y placeres diversos, viviendo en malicia y envidia, aborrecibles y odiándonos unos a otros." Tito 3:3. ¿Por qué ya no vivir de esta manera? Porque según Pablo ahí mismo en Tito 3:5 hemos sido regenerados por medio del Espíritu Santo y se nos ha dado un nuevo corazón.

Por la tanto, la iglesia de Cristo está compuesta de verdaderos creyentes con corazones regenerados para crecer en una transparencia que transforma con la comunidad de Cristo. Si no estás leyendo este libro con alguien, este es el momento para leerlo con quien es tu "Pablo" o para leerlo con tu "Pedro" como mencioné en el capítulo 5.

CAPÍTULO 7

Nuevas criaturas
en Cristo

Recuerdo luchar con las drogas, el alcohol y la pornografía sin ver cambios verdaderos. Con tan solo 16 años le pregunté a uno de los pastores de una iglesia que asistía, ¿como puedo dejar estas cosas? Su repuesta fue "inténtalo, ten fe y esfuérzate." Seguí sus consejos, pero no vi cambios. No fue que no haya intentado, es que mi intento no logró nada. Estaba cansado de intentar, sabía que tenia que dejar esos pecados, pero no sabía cómo. En el 2004 conocí a Gaby quien hoy día por gracia de Dios es mi hermosa esposa.

Recuerdo como si fuera ayer que me llamó mucho la atención su amor y deseo por Cristo. No creo haber visto antes una joven con tanto celo por el Señor. Después de varios intentos y decepciones le conté a Gaby que quería cambiar, pero no sabía cómo. Le dije que quería leer la Biblia, pero no sabía cómo. Ella con su voz suave y tierna me dijo, "Michel, te compré este cuaderno para que anotes todo lo que Dios te muestre al leer el evangelio según Juan." Mientras que escribo esto lloro de la felicidad y el agradecimiento con mi Señor por haber puesto a Gaby en mi vida en ese momento y tenerla hoy conmigo.

Todavía estaba en high school (bachillerato; la prepa) y eran las vacaciones de Navidad. Así que en enero del 2005 me encerré en mi habitación, tomé mi cuaderno y mi Biblia. Me tomó toda la semana para leer el evangelio según Juan, no lo podía creer. ¿Cómo alguien no me había dicho el milagro de la vanidad de Cristo? ¿Cómo era posible que solo había escuchado de Jesús como si fuera un boleto para el cielo? ¿Cómo era posible que hubiese creído que quería a Jesús solo porque no quería ir al infierno? Al leer las páginas de la historia de la vida, muerte y resurrección de Cristo mi vida cambió.

Lo que vi era que el cambio de mi vida no era por mis intentos, mi fe en mí mismo ni en mis propias fuerzas. El cambio completo de mi vida fue posible por la obra de Cristo en la cruz, mi fe en Cristo y mi arrepentimiento de mis pecados. Desde entonces me digo a mí mismo, "fuiste transformado de la cruz al día a día." De aquí que la transformación es diaria a la luz de la obra perfecta de Cristo. No es que no luche con el pecado, es cómo batallo contra el pecado. Gran parte de mi pasión por ver mi necesidad de otros para que caminen conmigo, se debe a que Dios usó y usa a mi amada esposa Gaby.

Sé que algunos no ven la necesidad de otros a su alrededor porque ven la salvación solo como el evento de redención para su reconciliación con Dios por medio de Jesús. Pero no ven la obra redentora de Cristo para salvar individuos que compongan Su iglesia. Ser creyente es ser miembro del cuerpo de Cristo, ser creyente es verse a uno mismo como miembro de la familia de Dios. Ahora bien, hoy día tenemos este fenómeno de creyentes que dicen ser miembros del cuerpo de Cristo, pero no son creyentes comprometidos en sus iglesias locales.

No es bíblico decir que eres miembro del reino de Cristo sin vivir en Sus embajadas locales. Por eso me opongo a tal idea de ser creyente sin iglesia, como también me opongo a ser creyente de una "iglesia virtual." Creo que las razones por estas convicciones ya han sido descritas principalmente en la sección 1 donde compartí que fuimos creados para vivir en comunidad. En este y en los próximos capítulos te darás cuenta aún más que amo la iglesia. Quizás algunos piensan que digo esto porque soy pastor. Y aunque lo digo porque soy pastor, primero lo digo como oveja dentro del redil que pastoreo.

Mi pasión por ser transparente surge de mi pasión por la iglesia local. Porque no es sano que solo personas afuera de tu iglesia local te conozcan, y los que ves domingo tras domingo no te conozcan ni los conozcas. De aquí que no es posible practicar la transparencia que transforma en la comunidad de Cristo sin personas cercanas a ti en la iglesia local. ¿Sabes por qué? Porque es mas fácil ver el tipo de conversaciones con otros solo como medios de rendir cuentas de cómo está tu vida. Pero es mas difícil sentarte con alguien no solo a decirle cómo estás, sino también para exhortar, animar y ver cómo su vida luce como Cristo sirviendo a los demás en su iglesia local.

Parece que desconocemos que la mayoría de los libros en el nuevo testamento son cartas a iglesias. Cartas que tenían un mensaje preciso para problemas particulares en estas iglesias. Dicho esto, no quiere decir que no podemos aplicar hoy lo que los autores del nuevo testamento escribieron a otras personas en otros tiempos. Para aplicar la Palabra de Dios tenemos que conocerla e invertirnos en nuestras iglesias locales para ayudar y ser ayudados en nuestras necesidades particulares.

La primera iglesia que vamos a ver es la iglesia de Corinto. Esta iglesia estaba viviendo una vida completamente opuesta a la redención de Cristo, pecando deliberadamente y públicamente sin ningún deseo de transformación. Algunos de los pecados de esta congregación eran que vivían en divisiones (1 Cor. 1:10–12; 3:1–7; 11:17–18), inmoralidad con arrogancia (1 Cor. 5), pleitos resueltos a la manera del mundo (1 Cor. 6:1–10), fornicación olvidando que el cuerpo es templo del Espíritu Santo (1 Cor. 6:15–19), posibles problemas en los matrimonios y un mal entendimiento de la soltería (1 Cor. 7), un amor egoísta porque no edifica (1 Cor. 8), idolatría (1 Cor. 10:14), mal uso de la santa cena (1 Cor. 10:15–17; 11:17–34) mal uso de los dones espirituales (1 Cor. 12–14), y como fundamento de todo esto un pobre entendimiento del evangelio de Cristo (1 Cor. 15).

¿Por qué mencionar esto? Porque tenemos que aprender cómo Pablo lidió con el pecado de estas personas y cómo podemos hacer lo mismo entre nosotros. Pablo escribe una segunda carta con un corazón transparente buscando que ellos de igual manera sean transparentes con el fin de ser transformados. ¿Dónde vemos esto? En 2 Corintios 6:11 el apóstol Pablo dice, "Nuestra boca, oh corintios, les ha hablado con toda franqueza. Nuestro corazón se ha abierto de par en par." Lo que Pablo dice es que al abrir su boca les está hablando con un corazón grande para recibirles. Por lo tanto, Pablo los anima a que sigan su ejemplo y abran su corazón en el v. 13.

Para tener este intercambio de corazones abiertos con verdades que salgan de nuestra boca no tenemos que temer al hombre. ¿Sabes por qué? Porque este es uno de los obstáculos más grandes para no ser transparentes unos con otros. Ya que el temor al hombre sucede cuando, "Reemplazamos a Dios con personas. En lugar

de un temor del Señor guiado por la Biblia, tememos a
los demás."[1] ¿Cómo se ve el temor al hombre que nos
detiene de practicar la transparencia desde el corazón?
Se ve cuando nos importa más lo que las personas piensan de nosotros que lo que Dios conoce de nosotros. El
temor al hombre es amar la reputación por encima del
carácter.

Cuando tomamos en serio la libertad que tenemos
en Cristo no nos esconderemos, sino buscaremos a otros
para juntos crecer en el temor del Señor. Entonces,
¿Cómo luchamos contra el temor al hombre? Pablo dice
con el temor al Señor, "Por tanto, conociendo el temor
del Señor, persuadimos a los hombres, pero a Dios
somos manifiestos, y espero que también seamos manifiestos en las conciencias de ustedes." Pablo estaba bien
familiarizado con la lucha contra el temor al hombre y
la importancia del carácter por encima de la reputación.
No solo tenía que lidiar con el pecado de los Corintios,
también Pablo tenía que lidiar con falsas acusaciones.
Las acusaciones venían de aquellos que Pablo llama los
eminentes apóstoles, falsos apóstoles, obreros fraudulen-
tos, disfrazados como apóstoles de Cristo y servidores de
Satanás (11:5, 13–15; 12:11).

Ellos estaban engañando a la iglesia hablando mal de
Pablo. En vez de temer lo que ellos podían decir o lo
que los Corintios podían pensar, Pablo temía al Señor.
Por eso deseaba persuadirlos a que creyeran la verdad,
aunque fuera confrontándolos con su pecado. Pablo no
está persuadiendo a los Corintios por temor a los falsos
apóstoles o para buscar la aprobación de los Corintios,

---

1. Edward T. Welch, *When People Are Big and God is Small:
Overcoming Peer Pressure, Codependency, and the Fear of Man*
(Phillipsburg, New Jersey: P&R Publishing Company 1997), 14.

los persuade a que crean lo que Pablo es pues Pablo tenía su seguridad en ser aprobado y aceptado en Cristo.

La búsqueda de una comunidad de transparencia se logra cuando no manipulamos las situaciones ni contamos nuestras versiones o hablamos mal de otros a sus espaldas. No creas que Dios dará fruto a una comunidad donde primero que todo no se teme al Señor. Para eso necesitamos recordar lo que Pablo dice antes de mencionar el temor al Señor. ¿Qué dijo? En el 5:10 dice, "todos nosotros debemos compadecer ante el tribunal de Cristo, para que cada uno sea recompensando por sus hechos estando en el cuerpo, de acuerdo con lo que hizo, sea bueno o sea malo." Por eso el v. 11 está conectado con el v. 10 como una consecuencia de este futuro juicio en el tribunal de Cristo.

El temor del Señor nos moviliza a *hacer* como fruto de lo que *somos* en Él.[2] Ya que si solo pensamos en hacer podemos caer en pensar que lo más importante es lo externo y no lo interno. Y esto nos lleva a darle prioridad a lo que otros ven externamente y no lo que Dios ve internamente. La transparencia de Pablo nace de su deseo de vivir y enseñar la Palabra de Dios como lo vemos en el 4:2. Al vivir en la Palabra de Dios buscaremos ser transparentes no ocultándonos porque al igual que Pablo deseamos que los que nos conocen se jacten de nosotros por la obra de Cristo en nuestro corazón. Es bueno buscar que otros glorifiquen a Dios por los cambios en tu vida, es bueno tener amistades profundas y verdaderas donde la seguridad del amor de Cristo los impulse a ser transparentes para ser transformados.

---

2. Para entender más de esta verdad bíblica de ser antes de hacer, recomiendo el libro del pastor Miguel Núñez, *Siervos para Su gloria: Antes de Hacer tienes que Ser*.

¿Cuándo fue la última vez que alguien se unió a ti para glorificar a Dios por la victoria contra el pecado? ¿Cuándo fue la última vez que alguien lloró contigo por tu pecado? ¿Cuándo fue la última vez que alguien confrontó en amor tu pecado? La iglesia local es el lugar que Dios ha diseñado para que te unas a otros en la caminata de la santificación. Esta caminata no se vive para jactarse en apariencias sino en cambios del corazón (2 Cor. 5:13).

¿Por qué unirnos a otros en la santificación? Porque el amor de Cristo nos controla (2 Cor. 5:14). Este amor es la gloriosa redención particular de Cristo. Él murió eficazmente, particularmente, específicamente e intencionalmente por los Suyos. Es decir, por Su iglesia. Por eso el amor de Cristo nos une a Él y nos une unos a otros. Este amor de Cristo es más fuerte que cualquier pegamento, cinta o soldadura humana, y nos mueve a buscar la unidad que es fortalecida cuando luchamos contra el pecado juntos. Por eso en el amor de Cristo buscamos intencionalmente ayudarnos a ver esas áreas de pecado para arrepentirnos y cambiar.

Este cambio es posible porque somos nuevas criaturas en Cristo en la nueva creación de Cristo (2 Cor. 5:17). Todo lo anterior pasó, ahora Dios nos ha hecho nuevas criaturas. Ya no miramos lo externo porque no nos conformamos con eso, ya que la obra de Cristo nos ha dado vida. Esta vida es disfrutada en libertad de una conciencia culpable ya que al arrepentirnos de nuestro pecado Cristo nos perdonó, nos salvó, nos justificó y nos está santificando como nuevas criaturas.

Ahora, solo en Cristo podemos ser nuevas criaturas que no sean engañadas por Satanás, mas sean rápidas para glorificar al Padre con nuestra vida asegurada en Cristo. Así que ya no tenemos que escondernos de Dios y de los demás, ahora en Cristo buscamos juntos la gloria de Cristo siendo transformados a Su imagen de gloria en gloria como por el Señor, el Espíritu (3:17–18).

CAPÍTULO 8

Nueva vida en Cristo

Una de las cosas más impactantes es ver la transformación o el cambio de alguien o de algo. Por ejemplo, los programas de televisión "flipping houses" presentan el antes y el después de una casa. El antes era un completo caos, pero después viene el cambio radical de la casa. También están los cambios físicos de personas que deciden cambiar su estilo de vida y de dieta. Después de un tiempo tú ves el antes y el después, y es algo asombroso ver la nueva persona.

Si esto nos asombra cuanto más serio, eterno y glorioso es cuando Dios redime a una persona. El cambio es una transformación literalmente de muerte a vida. Cuando Dios salva a una persona el cambio es inevitable, es progresivo, pero es real. Lleva tiempo, pero da fruto día a día. Este cambio es obra de Dios usando medios de gracia y uno de estos es que usa creyentes a tu alrededor buscando ver vidas transformadas.

En el capítulo anterior expliqué el fundamento de todo cambio verdadero. De temor al hombre a temer al Señor. De vivir solo de reputación a vivir con un amor por un carácter verdadero. ¿Cuál es el fundamento? La obra redentora de Cristo que nos hizo nuevas criaturas.

Una las cosas que más disfruto como pastor es ver los cambios radicales en las personas que pastoreo. Me asombra ver frente a mí la gracia de Dios al ver personas que lucen diferentes por la obra del Espíritu Santo.

No es una tarea fácil, pero juntos como iglesia hemos podido ver y practicar que hemos sido *creados a la imagen de Dios para crecer en comunicación en la comunidad de Cristo siendo transparentes con el fin de ser transformados por medio del poder del Espíritu Santo.* Somos una iglesia joven, pero por gracia de Dios hemos hecho de nuestro ADN ser discípulos que buscan ver vidas transformadas por el evangelio de Cristo para que impacten en su familia, iglesia y comunidad.

No todo ha sido color de rosa. Hemos aprendido a valorar el corazón por encima de lo que hacemos. Por eso me alegra tanto cuando escucho que en los grupos de comunidad se busca vivir juntos la nueva vida que tenemos en Cristo. Esto para la gran mayoría ha sido algo nuevo. Porque anteriormente se minimizaba el pecado por el que dirán o algunos me han compartido que en iglesias anteriores preferían seguir con ciertos programas o ministerios antes de confrontar para ayudar a la persona encargada. Algunos temían abrir su corazón porque no querían dejar de servir en un ministerio. Pero esta no es la iglesia que Dios desea, la que Cristo compró con Su sangre y la que es habitada por el Espíritu Santo. La iglesia que Dios desea es aquella que esta siendo santificada para glorificar a Cristo con la nueva vida que por gracia poseemos. Una iglesia que mostró un cambio radical fue la iglesia de Éfeso.

Los Efesios tuvieron que entender que su cosmovisión, es decir, como ven el mundo tenía que ser por medio de las enseñanzas de Jesús para renovar su entendimiento y no vivir según lo que la sociedad decía a su alrededor. Éfeso estaba en Asia Menor, lo que hoy es considerado como Turquía. Era una cuidad prominente y próspera. Una de las grandes atracciones de esta ciudad era su templo dedicado a la diosa Artemisa o Diana conocida así por los romanos (Hech. 19:27). La iglesia de Éfeso fue un lugar donde Dios obró para transformar la vida de muchas personas.

¿Cómo fueron transformadas estas vidas en Éfeso? Lucas nos da un breve vistazo a esta obra transformadora en Hechos 19:8–11; 18–20. Aquí vemos el antes y el después en la vida espiritual como la obra sobrenatural del evangelio. Cristo nos salva y nos da la valentía para buscar la transparencia que transforma como vemos a los creyentes en Éfeso, confesando y declarando las cosas que practicaban. ¿Cuán importante es la confesión en la transparencia que transforma? Es vital porque no hay cambio espiritual sin confesión de pecado y esta confesión es fruto del evangelio que te da la libertad para declarar a otros a tu alrededor que necesitan ayuda para ser transformados por Cristo.

La transparencia que transforma tiene un costo ya que tendrás que decidir entre servir a un ídolo o al Dios vivo. En el caso de algunos de los Efesios, ellos escogieron por el poder de la gracia de Dios servir a Jesús al quemar libros paganos que dirigían sus vidas. Sin embargo, no todos fueron transparentes con deseo de ser transformados. Algunos fueron transparentes al no desear cambiar su lealtad a su ídolo y por eso gritaban como por dos horas, "¡Grande es Diana de los efesios!". (Hechos 19:28; 34). Pero aquellos que por gracia de Dios fueron transformados por el evangelio Pablo les escribe esta carta con el fin de recordarles que ya no deben andar como antes en sus pasiones, en la vanidad de la mente, con el entendimiento entenebrecido y excluidos de la vida de Dios por la ignorancia y la dureza de su corazón (Ef. 4:17–18).

Qué diferencia hace cuando personas que nos aman nos dicen con amor "Dios te ha cambiado para que no vivas amargado, enojado, mintiendo, robando, borracho, gritando, en lujuria, en chismes y con rencores." Quizás logras identificarte con algunos de estos pecados y mi oración es que por el poder del evangelio confieses tu pecado a Dios y a un hermano que te ayude para que no sigas pecando en esa área. Precisamente esto es lo que hace Pablo con los efesios.

Él les dice en cuanto a su antigua manera de vivir, ¡Ya no es así! Eso era antes porque ellos ahora son diferentes, han sido transformados, salvados porque aprendieron, escucharon y fueron enseñados bajo la verdad que hay en Jesús. Ya que Jesús es el ejemplo de la verdadera transparencia porque Jesús es la verdad (Juan 1:14; 14:6; 18:37). Ahora bien, no que los Efesios llegaron a ser perfectos, pero progresivamente crecían a ser como Cristo. Porque en Él no hay nada oculto, no hay pecado que se esconda y por Él es que tenemos una nueva manera de vivir.

¿Cómo practicamos la verdad de Jesús entre nosotros? En las iglesias debemos formar una comunidad segura donde nos recordemos que Dios nos llama a quitarnos el viejo hombre porque a este lado de la gloria cada vez más el viejo hombre se corrompe según los deseos engañosos (Ef. 4:22). Pablo sabía lo que es luchar con la carne como lo describe en Romanos 7:21–25, pero también conocía muy bien al Salvador que ha quitado toda condenación por nuestro pecado (Rom 8:1). Esto no minimiza la lucha contra el pecado, mas bien nos motiva a tomar toda oportunidad con otros hermanos para ser sinceros con nuestras luchas.

Por eso una vez mas te recuerdo que todos necesitamos de un Pablo que nos recuerde de no vivir según la vida antes de Cristo y todos tenemos que ser un Pablo para los demás y ayudarles a ver lo engañoso del pecado. ¿Como ser un Pablo a otros? Animándolos a que se unan a ti para renovar el ser interior o el espíritu de nuestra mente. La idea detrás de esta palabra *renovar* (ἀνανεόω) es la transformación que ocurre en la mente al comprender la verdad que hay en Jesús para vivir según esa verdad. Pablo menciona esta idea en Romanos 12:1–2 como aquel llamado de ser transformados mediante la renovación de la mente.

Por eso Pablo ora para que los Efesios sean fortalecidos con poder por Su Espíritu en el hombre interior (3:16). De aquí que lo que buscamos juntos es que Dios nos cambie de adentro hacia fuera, que lo que más nos preocupe sea ese hombre interior y no solo lo que pueden ver en lo exterior. Pero no podremos ver esta fortaleza en el hombre interior si no comparto con otros las áreas que el Espíritu Santo desea cambiar en nosotros. Recuerdo una familia que llegó a nuestra iglesia y desde que llegaron fueron honestos con sus luchas, no necesariamente sabían como cambiar, pero practicaban la verdad. Puedo decirte que hoy día es una de las parejas que más sirven en la iglesia, que son usadas de muchas maneras por Dios para edificar a Su iglesia.

Obviamente ha tomado tiempo, múltiples conversaciones, exhortaciones, amonestaciones y oraciones. Pero hoy son diferentes porque por gracia compartieron sus luchas y hemos sido testigos de la obra transformadora de Dios en la vida de esta familia. ¿Cómo te describen las personas a tu alrededor? ¿Eres el tipo de persona que no comparte sus luchas? ¿Eres el tipo de persona que sí comparte, pero no recibe consejos para cambiar? Puedo decirte que las personas que ven cambios verdaderos y duraderos en sus vidas son aquellas que entienden la seriedad del pecado y la bendición de la iglesia local.

Para vivir así tenemos que ver la conexión de renovar nuestra mente con vestirnos del nuevo hombre. Nos despojamos de la antigua manera de vivir por el poder del evangelio para vestirnos de lo que Cristo ya compró y esto es, nueva vida en Él. No nos quitamos ni nos ponemos según nuestras fuerzas sino en las fuerzas de Cristo luchamos para vivir según el diseño de Dios al redimir en nosotros Su imagen para representarlo en la tierra.

De aquí que este nuevo hombre conforme la imagen de Dios ha sido creado en justicia y santidad de la verdad. Esto es, hemos sido creados en Cristo según el nuevo hombre que no es como el primer hombre Adán que pecó. Ahora en Cristo vivimos para hacer buenas obras, las cuales Dios preparó de antemano para que anduviéramos en ellas, (2:10). Una vez se necesita de otros para exhortarnos a vivir según estas buenas obras que Dios preparó para que tú y yo anduviéramos en ellas. La transparencia que transforma es una práctica donde nos apoyamos mutuamente para dejar aquellas malas obras del hombre viejo, y practicar las buenas obras del nuevo hombre en Cristo.

¿Cómo se vive según esta nueva persona que somos en Jesús? Imagínate que le haces esta pregunta a Pablo y para contestarla te da algunos ejemplos del cambio de vida en Cristo. Los ejemplos que menciona Pablo son posibles cuando hemos entendido y abrazado la gloriosa redención de Cristo. No es vivir siendo transparente al comunicar mis luchas porque así soy, es comunicar mis luchas para buscar ayuda para vivir contra el pecado.

La transparencia bíblica es la que lleva al cambio, a frutos espirituales por el fruto del Espíritu Santo. Cuando nos jactamos de la transparencia que tenemos al decir, "yo soy así" o "esa es mi personalidad y "así me enseñaron", estamos quedándonos en el mismo lugar: el viejo hombre. En cambio, el nuevo hombre creado en Cristo es transparente porque quiere ser transformado a la imagen del Tesoro Supremo Cristo.

Ejemplos de transparencia
que transforma

Ahora sí comencemos con el primer ejemplo de aquellos que acostumbran a hablar falsedad mas ahora pueden hablar la verdad (Ef. 4:25). Quizás luchas con decir mentiras sobre tu vida para impresionar a las personas o para esconder tu pecado. También puede ser tu costumbre hablar mal de alguien más, especialmente cuando has tenido una diferencia con esa persona. La solución no solo es pedir consejo para ver como tú manejas esta situación, es pedir ayuda para que no peques al hablar falsedades de alguien más. Esto es tan serio que Salomon dice, "El que anda murmurando revela secretos, por tanto, no te asocies con el chismoso" (Prov. 20:19).

La falsedad destruye la comunión con otros. Una de las cosas que más debería dolernos es escuchar que los cristianos son hipócritas. Me duele cuando tengo que aconsejar a alguien que ha sufrido por chismes de otros y acusaciones falsas sobre ellos. Lo difícil también es no tomar justicia en nuestras manos y por eso para luchar contra la inclinación de responder mal por mal es pedir ayuda. Así lo hizo una persona que vino a mi oficina para contarme que alguien estaba inventando cosas sobre ella y publicándolas en las redes sociales. Oramos juntos y buscamos maneras para que se cuidara de no responder con amargura, ira o rencor. ¿Cómo responder bien? Conociendo la Palabra de Dios y lo que Él dice de las personas que hablan mal de otros, "El testigo falso no quedara sin castigo, y el que cuenta mentiras no escapará" (Prov. 19:5). Por eso somos llamados a decir la verdad en amor como Pablo dice en Efesios 4:15. La motivación para que hablemos la verdad en amor es porque somos miembros los unos de los otros. Tenemos que ser tan celosos de la verdad como estar tan preocupados que esa verdad se diga en amor. Pero ¿qué si esa persona no recibe lo que le digo en amor? No tenemos control de como las personas reciban la verdad en amor, pero sí tenemos control de cómo se dice esa verdad. La lucha no es si decimos o no la verdad, es como decimos esa verdad.

El segundo ejemplo son las personas que luchan con un enojo pecaminoso. Pablo les dice a estos hermanos que hay una manera de enojarse bíblica en Efesios 4:26–27. Cuando hay cosas que otros hacen que nos hieren o nos molestan debemos practicar la transparencia que transforma. Hacemos esto porque no queremos darle oportunidad al diablo que gane terreno en nuestro corazón y olvidemos que hay una guerra con el viejo hombre que desea enojarse pecaminosamente. Pero tienes una comunidad en tu iglesia local que con el amor de Cristo te aman y desean ayudarte a ver actitudes pecaminosas de enojo.

¿Y qué si en realidad algo me enojó? Vendrán momentos donde el enojo es apropiado, pero conociendo cada uno su corazón a la luz de la Palabra tenemos que orar para que expresemos nuestro enojo en amor, buscando no la destrucción sino la edificación mutua. Esto sucede cuando primero entendemos que no es contra nosotros primeramente que han pecado, es contra Dios. Eso debe ser nuestra mayor motivación para ayudar a otros porque primero han pecado contra Dios, y al compartir con ellos lo que nos ha molestado con gracia y amor puede ser que Dios les conceda arrepentimiento y pidan perdón.

El tercer ejemplo son aquellos que se ven tentados a robar. El punto principal de este ejemplo esta al final de las palabras de Pablo en Efesios 4:28. El propósito del porque no debe robar sino trabajar es para tener honestamente y compartir con los que tienen necesidad. Es vivir pensando en los demás, en vez de estar lleno de sí mismo. Por el evangelio de Cristo podemos tener conversaciones de gracia donde se comparten las ocasiones donde se ha mentido para ganar una posición en el trabajo, se ha mentido para ganar más dinero, se ha obviado impuestos para quedarse con más dinero, se ha recibido ayuda económica sin buscar intencionalmente un trabajo.

La comunidad de Cristo no es aquella que no lucha con este tipo de pecados, es la que hace guerra intencional para no ceder ante estos pecados. Y Dios ha diseñado las relaciones entre nosotros para recordarnos el evangelio y el perdón de Dios para ver cambios verdaderos en nosotros. Ya que "Un hombre que confiesa su pecado en presencia de un hermano sabe que ya no está solo consigo mismo; experimenta la presencia de Dios en la realidad de la otra persona. Mientras estoy solo en la confesión de mis pecados, todo permanece en la oscuridad, pero en presencia de un hermano, el pecado tiene que salir a la luz."[1]

El cuarto ejemplo tiene que ver con cambiar palabras destructivas con palabras que edifican. Pablo nos exhorta a no usar palabras sin gracia que no edifican,

---

1. Bonhoeffer, 116.

sino usar las palabras que tengan buen uso para la edificación. Estas palabras son para el momento de necesidad y para impartir gracia según la obra del Espíritu Santo (Ef. 4:29–30). En muchas ocasiones le he tenido que pedir perdón a mi esposa porque he dicho cosas que no la edifican, sino mas bien la hieren. Recuerdo estar sentado con mi esposa en la oficina de nuestro pastor en Minneapolis, y ser exhortado a desear que toda palabra que salga de nuestra boca no busque la destrucción del matrimonio sino la edificación mutua. ¿Quién te exhorta y a quién exhortas para cuidarte de destruir a otros con las palabras?

Por último Pablo exhorta a los efesios a quitar todo lo del viejo hombre. Los llama a dejar la mala vida para que vivan la nueva vida en Cristo. Esta vida en Cristo es aquella que lucha por dejar atrás toda amargura, enojo, ira, gritos, insultos, y toda malicia. Para lograr esto Dios nos ha dado vida en Cristo y poder por medio del Espíritu Santo que usa la Palabra como otros creyentes para ver Su fruto en nosotros. Cuando caminamos juntos podremos ayudar a ser amables unos con otros, misericordiosos, y perdonándonos como Dios nos perdonó en Cristo (Ef. 4:31–32). Pero esto no pasará sin una iglesia local donde busquemos relaciones transparentes que nos ayuden a ser transformados.

Toma un momento para dar gracias a Dios por Su evangelio y por unirte a Su iglesia para crecer en amor junto con otros creyentes.¿Ya tienes a alguien con quien compartir tu deseo por ser más como Cristo? Si no, ora para que Dios te muestre la persona en tu iglesia y ora por humildad para tomar el primer paso de obediencia.

CAPÍTULO 9

Renovados en Cristo

En los capítulos 7-8 vimos dos ejemplos de cómo Pablo exhorta a los creyentes a vivir en Cristo como nuevas criaturas porque tenemos nueva vida. Ahora vamos a ver el ejemplo de la iglesia en Colosas para ver que Dios desea que influenciemos a los demás. ¿Sabes por qué podemos influir a los demás con esta vida verdadera? Porque de estar en las tinieblas ahora estamos en el reino del Hijo amado (Col. 1:13). El creyente tiene la gran bendición de resplandecer como luminares en este mundo ante una generación torcida y perversa (Fil. 2:15).

Para ser luminares en este mundo tenemos que andar como Cristo anduvo, firmemente arraigados y edificaos en Él y confirmados en su fe, (Col. 2:6–7). Los Colosenses estaban siendo engañados con enseñanzas que mezclaban prácticas ocultistas, ciencias en poderes astrales y hasta la adoración a ángeles con enseñanzas judías como las describe Pablo en el 2:16–17; 20–23. Para luchar contra estas cosas los Colosenses tenían que mantener su mirada en las cosas de arriba donde Cristo está en gloria sentado a la diestra del Padre (Col. 3:1–4). ¿Por qué mantener la mirada en Cristo?

Porque al mirar a Cristo podremos luchar correctamente con las cosas que destruyen nuestra vida y son contrarias con el andar en Cristo. También porque al mirar a Cristo estamos matando nuestro orgullo y practicando la humildad que se requiere para pedir ayuda a Dios y a los demás. Ya que "no hay mejor defensa contra el ataque espiritual que la humildad; es decir, un sentido de necesidad constante de una gracia protectora y empoderadora que luego nos motiva a estar atentos al peligro y a clamar por la ayuda de Dios y la ayuda amorosa de otros líderes."[1] Se necesita de Dios y de otros para matar el pecado.

En la sección 2 mencioné la seriedad del pecado, la astucia de la serpiente y el engaño de la tentación porque nuestra lucha es contra "principados, contra potestades, contra los poderes de este mundo de tinieblas, contra las fuerzas espirituales de maldad en las regiones celestiales" (Ef. 6:12). Por eso Pablo le recuerda a esta iglesia en Colosas que deben matar el pecado.

Pablo usa el imperativo *pongan a muerto* (Νεκρώσατε) los deseos de la carne. De aquí que ser creyente significa una búsqueda por obrar el milagro que Cristo ya hizo, darnos vida para matar el pecado que ya Él perdonó. En esta búsqueda por matar el pecado necesitamos reconocer que no es una lucha a solas, pero en unidad. La lucha comienza con una confesión de pecado, ya que no puedes batallar con el pecado si no reconoces tu lucha contra el pecado. Y no puedes batallar contra el pecado si no confiesas a Dios y a los demás tu pecado (1 Jn. 1:9). Déjame fundamentar esta confesión en la Palabra.

---

1. Paul David Tripp, *Lead: 12 Gospel Principles for Leadership in the Church* (Wheaton, Illinois: Crossway 2020), 122.

Santiago 5:16 dice,"Por tanto, confiésense sus pecados unos a otros, y oren unos por otros para que sean sanados." No todo el mundo tiene que conocer tu pecado, pero sí tienes que buscar a alguien que escuche tu pecado y te apunte al perdón y transformación de Cristo. ¿Quien es una persona que puede escuchar tu confesión de pecado? Uno que ha confesado su pecado a Cristo y muestra una lucha real con su propio pecado buscando ayuda de otros hermanos. Es decir, un creyente que conoce a Cristo y vive intencionalmente mirando sus faltas para dar frutos que confirman que anda en Cristo.

Una de las características de una persona que puede ayudarte es que sea gobernado por la Palabra de Dios. El creyente es aquel que se empapa de la Biblia para confesar su pecado y ayudar a otros en la confesión de su pecado, mientras ambos miran a Cristo como el único capaz de cambiarlos ya que son nuevas personas (Col. 3:16–17). Estar llenos del Espíritu es estar llenos de la Palabra y vivir el fruto del Espíritu es crear una cultura del evangelio en nuestras iglesias. Esta cultura del evangelio va hacer que al escuchar a mi hermano confesar su pecado sea rápido no para juzgar, condenar, chismosear sino llevarlo a Cristo para que recuerde el perdón y tome pasos para matar el pecado.

Cuando somos intencionales por vivir el evangelio, entonces seremos rápidos para confesar los pecados que Pablo dice en Colosenses 3:5, 8–9: fornicación (involucra aún la pornografia y toda inmoralidad sexual), la impureza, las pasiones, los malos deseos y la avaricia, ira, enojo, malicia, insultos, lenguaje ofensivo, las mentiras y los malos hábitos. ¿Alguna vez has tenido esta gloriosa experiencia de vivir el evangelio con otro al escucharse y confesar sus pecados el uno al otro? Viendo en las cartas del nuevo testamento creo que toda iglesia local tendría que vivir esta experiencia de la gracia transformadora de Dios.

Una de las cosas más tristes y difíciles del ministerio pastoral es ver algunas personas que no toman en serio el matar el pecado con otros creyentes en la comunidad de Cristo. Pero ¿Por qué tomar en serio esta confesión mutua? Porque hay una advertencia en Col. 3:6, "pues la ira de Dios vendrá sobre los hijos de desobediencia por causa de estas cosas."Pero por la gracia de Dios ya no somos hijos de desobediencia, sino hijos de Dios por la obediencia de Cristo. Entonces, ¿Por qué buscar a alguien que me ayude con mi pecado y yo ayudar a otros con su pecado? Porque esas practicas de pecado ya no tienen que tener ni gobierno ni control de nuestra vida. Ya que para el creyente ese control es del pasado porque "anduvimos en otro tiempo cuando vivíamos en ellas" (Col. 3:7).

Anteriormente nuestro andar era controlado por los pecados, por eso era inevitable ceder ante ellos. Pero al ser unidos a Cristo se ha removido el gobierno del pecado y se nos ha quitado el viejo ropaje para ser vestidos con el nuevo hombre (Col. 3:10). Aquí que no podíamos ejercer adecuadamente las funciones de la imagen de Dios porque Su imagen fue distorsionada por el pecado en nosotros. Sin embargo, es solo por Dios que podemos quitarnos el viejo hombre para ponernos el nuevo hombre porque Cristo fue crucificado y en Él tenemos la redención: el perdón de los pecados (1:14) y Dios nos dio vida juntamente con Cristo, habiéndonos perdonado todos los delitos (2:13).

Esta vida que disfrutamos por Cristo es la vida conforme a la imagen de Aquel que lo creó, por eso buscamos unirnos en una misma ambición por conocer a Cristo porque Cristo es todo, y en todos. No hay distinciones entre nosotros ya que hemos sido renovados a la imagen de Cristo. Esto es para lucir como Cristo con prácticas que muestren a Cristo en todo lugar que nos movemos. ¿Como mostramos a Cristo siendo renovados?

Ser renovados en el nuevo hombre tiene que ver con entender nuestra identidad en Dios: somos escogidos, santos y amados. Esto quiere decir aunque somos diferentes en personalidades, pero tenemos la misma identidad porque somos de Dios. Esto es tan importante porque si no ves tú identidad en Cristo no podrás ver que puedes y debes dejar al viejo hombre. Y puedes y debes vestirte del nuevo hombre que ya no es gobernado por el pecado.

Entonces, ser renovados es obra del evangelio de Cristo y la imagen de Dios ahora puede ser no solo nuestra identidad, pero podemos practicar dicha imagen por la gracia de Dios. Esa imagen de Dios es la que debemos ayudarnos a vivir mientras caminamos juntos en este lado de la gloria. ¿Cómo luce ser renovados en Cristo? Lo primero es el llamado a vestirnos de tierna compasión (3:12). Esto es muy importante para formar una cultura del evangelio que invite a la transparencia porque al abrir mi corazón con alguien más, mi oración es que la persona que me escucha sea compasiva. Esta compasión no es aceptación de mi pecado, minimizar mi pecado o culpar a alguien más por mi pecado. Sin embargo, una verdadera compasión nace de un corazón que es bondadoso y humilde.

Esto es importante para todos nosotros porque al escuchar de otros sobre sus luchas tenemos que ser bondadosos y humildes; no juzgar rápidamente ni condenar a alguien por su pecado. Somos instrumentos de las manos del Redentor para mostrar simpatía bíblica dónde al escuchar me duelo con la persona, pero por

amor a Dios y a la persona debo buscar conocer mas allá
de lo que me dice para ayudarlo en verdad.

Esto requiere mansedumbre. Ya que la idea es ayudar
a la persona y ser un instrumento de Dios para ayudar a
llevar las cargas de los demás (Gál. 6:1).

El escuchar o aún confrontar a alguien con su pecado
nunca, nunca es con fines de destrucción sino restaura-
ción. Si alguien viene a ti con su pecado tienes que tener
la madurez espiritual para restaurarlo con mansedumbre, por eso una persona que camina con el Espíritu es
caracterizada por la manera que dice las cosas no para
atacar, pero con mansedumbre para edificar. De igual
manera, para recibir la ayuda oportuna el que recibe el
consejo tiene que orar por un corazón humilde para
recibir lo que se le está diciendo.

Si el propósito al compartir mis luchas con el pecado
es que otros me ayuden, entonces tengo que estar prepa-
rado para recibir con humildad lo que me dicen. No que
todo aplique a mi vida, pero sí que tenga una disposición
para evaluar si lo que me están diciendo viene de Dios.
Por eso cuando caminamos juntos necesitamos recordarnos de la paciencia. No estamos buscando perfección
en el otro, pero sí cambios. No cambios ya, pero sí cambios con el pasar de los días. De aquí que la transparencia
no es una carrera por decir las cosas, es una caminata
diaria para ver cambios diarios. ¿Qué hacemos cuando
no vemos progreso? Nos soportamos.

Esto no es "tengo que soportarte" como diciendo
tengo que aguantarme a esta persona porque es mi
esposo (a), hijo (a), amigo y hermano. Es sostenernos y
tolerarnos, no para dejarnos en el pecado. Así como un
padre o una madre que con ternura tolera las necedades
de su hijo enseñándole y corriéndole con amor. Pero
¿que hacemos con la persona que me ha ofendido? La
prueba del gran amor no es solo ayudar aquel que lucha

con el pecado o las ofensas de alguien más, pero es la disposición de perdonarnos entre nosotros cuando nos ofendemos.

¿Por qué perdonarnos rápidamente? Porque Cristo nos perdonó. Por eso la búsqueda de todo esto es disfrutar y practicar la unidad en amor que Cristo ha comprado en la cruz para que juntos vivamos buscando ayudarnos ser como Cristo. Así que, amado lector toma toda oportunidad mientras estamos de este lado de la gloria para vivir este tipo de vida que testifica que tienes vida en Cristo. Tu iglesia local es un buen lugar para vivir con otros creyentes siendo transparentes para que Cristo los transforme. Porque así como vimos con estos tres ejemplos de iglesias, la iglesia no está compuesta de personas perfectas, sino de personas en necesidad diaria del evangelio. Personas que ven la necesidad de practicar la transparencia al *abrir mi corazón al comunicar las cosas de adentro con el fin de que quien me escucha me muestre a Cristo para ser transformado en lo interno a la imagen de Cristo.*

SECCIÓN 4

La transparencia perfecta

Entonces vi un cielo nuevo y una tierra nueva, porque el primer cielo y la primera tierra pasaron, y el mar ya no existe. **2** Y vi la ciudad santa, la nueva Jerusalén, que descendía del cielo, de Dios, preparada como una novia ataviada para su esposo. **3** Entonces oí una gran voz que decía desde el trono: «El tabernáculo de Dios está entre los hombres, y Él habitará entre ellos y ellos serán Su pueblo, y Dios mismo estará entre ellos. **4** Él enjugará toda lágrima de sus ojos, y ya no habrá muerte, ni habrá más duelo, ni clamor, ni dolor, porque las primeras cosas han pasado». **5** El que está sentado en el trono dijo: «Yo hago nuevas todas las cosas». Y añadió: «Escribe, porque estas palabras son fieles y verdaderas». **6** También me dijo: «Hecho está. Yo soy el Alfa y la Omega, el Principio y el Fin. Al que tiene sed, Yo le daré gratuitamente de la fuente del agua de la vida. **7** El vencedor heredará estas cosas, y Yo seré su Dios y él será Mi hijo.

Apocalipsis 21:1–7

Porque nuestra ciudadanía está en los cielos, de donde también ansiosamente esperamos a un Salvador, el Señor Jesucristo, **21** el cual transformará el cuerpo de nuestro estado de humillación en conformidad al cuerpo de Su gloria, por el ejercicio del poder que tiene aun para sujetar todas las cosas a Él mismo.

Filipenses 3:20–21

CAPÍTULO 10

Transformados
en la gloria eterna

Un día sucederá aquello que tanto anhelamos, veremos a Cristo cara a cara. ¿Te puedes imaginar ese glorioso día cuando veamos al glorioso Salvador? No logro imaginarme como será. Aunque tenemos la Biblia para tener una idea, ese día esa idea borrosa tomará claridad y le veremos cara a cara. Le veremos con el propósito de entrar en la gloria celestial y disfrutar la vida eterna. ¿Para qué la eternidad con el eterno Dios? Cristo dice en su oración sacerdotal, "esta es la vida eterna: que te conozcan a Ti, el único Dios verdadero, y a Jesucristo, a quien has enviado" (Juan 17:2). La eternidad fue creada por el Dios eterno, porque nos tomará toda la eternidad para conocerlo.

Mientras ese día llega no esperamos con los brazos cruzados, esperamos con esperanza en una obediencia amorosa con deseos de ser más como Él. Las conversaciones sinceras y profundas de este lado de la gloria nos preparan para la eternidad. Por eso reconocemos que somos extranjeros y peregrinos absteniéndonos del pecado de nuestro corazón (1 Ped. 2:11). Si en esta tierra sufriremos aún por hacer el bien porque seguimos las pisadas de Cristo, y por nuestra esperanza está en el gozo eterno, "para que también en la revelación de Su gloria se regocijen con gran alegría" (1 Ped. 4:13).

Ese día final en la tierra será el día del comienzo de la eternidad. Como un día pasa a otro día, nosotros pasaremos de esta tierra a los nuevos cielos y la nueva tierra. Así como se levante el sol para dar inicio a un nuevo día, un día seremos levantados en gloria para ver la gloria de Dios. Por eso como creyentes queremos ser muy intencionales con nuestra vida terrenal, no aferrándonos a ella, pero siendo sabios hijos de Dios. De aquí que toda conversación de este lado de la gloria busca la honestidad en la lucha contra el pecado, comparte lágrimas por los sufrimientos terrenales, pide ayuda en momentos de desesperación, pregunta por dirección en tiempos de prueba, confiesa su pecado a Dios y a los demás, y exhorta a otros con amor, gracia y verdad.

Vivimos con esta intencionalidad en nuestras relaciones porque vendrá ese día donde "el Dios de toda gracia, que nos llamó a Su gloria eterna en Cristo, Él mismo los perfeccionará, afirmará, fortalecerá, y establecerá" (1 Ped. 5:10). Mientras estamos en la tierra Dios nos está santificando, pero llegará el día donde seremos completamente transformados. Ese día en ese lugar por el resto de la eternidad con Dios seremos como Cristo sin pecado, ¡glorioso día! En aquella eternidad nuestras relaciones serán diferentes completamente porque no necesitaremos las conversaciones de confesión de pecado, de pedir perdón, de animar para dejar de pecar, de exhortar para amar a Dios con todo nuestro corazón, y de buscar consejo en situaciones de confusión y dolor. Las conversaciones no serán difíciles, a medias, conflictivas, ofensivas, hirientes, cortantes, y divisivas.

Tampoco serán conversaciones donde tengamos que aclarar lo que es pecado, explicar pasos a seguir para dejar de pecar, exponer a otros a su pecado ni celebrar victorias del pecado. Todo será victoria y solo allá podremos verdaderamente contestar a la pregunta, ¿cómo estás? "En Victoria." Aunque en esta tierra los creyentes vivimos bajo la victoria de Cristo, nuestra vida no siempre está en victoria porque todavía reside el pecado en nosotros.

Por eso todo lo que hemos visto en los capítulos del 1–9 no se compara a la eternidad con Dios. ¿Aún el Huerto del Edén? Ni siquiera el Edén porque Adán y Eva en su estado sin pecado, podían pecar, y por eso pecaron. Nosotros después de la caída no podemos dejar de pecar, pero en la eternidad viviremos sin pecado porque no podremos pecar. Seremos como Cristo en que no pecaremos porque nuestra vida será una de obediencia amorosa continua por la eternidad.

No buscamos conversaciones de este lado de la gloria perfectas, ni podemos pensar que todo el tiempo somos transparentes con otros hermanos, pero esto no es una excusa ni una razón para no buscar ser transparentes. Solo es nuestra realidad, una triste realidad. Mas al mirar a la eternidad con Cristo deseamos tener una y otra vez probadas de esa vida sin pecado, de esas conversaciones perfectas sin transformación porque seremos completamente transformados.

Por eso Pablo dice, "Porque nuestra ciudadanía está en los cielos, de donde también ansiosamente esperamos a un Salvador, el Señor Jesucristo, **21** el cual transformará el cuerpo de nuestro estado de humillación en conformidad al cuerpo de Su gloria, por el ejercicio del poder que tiene aun para sujetar todas las cosas a Él mismo." (Fil. 3:20-21). Nuestros cuerpos serán

conforme al cuerpo de Su gloria sin ese estado de humillación que trae el pecado.

Pensar y vivir a la luz de la eternidad no hace al creyente pasivo al buscar verdadera comunión. Es más vivir
con la mirada en la eternidad con Dios nos hace proclamar y buscar tener comunión con otros. El apóstol Juan
escribió su primera carta "para que también ustedes tengan comunican con nosotros. En verdad nuestra comunión es con el Padre y con Su Hijo Jesucristo" (1 Jn. 1:3b).

La comunión entre nosotros los creyentes debe ser
una búsqueda por conocer más la comunión que ya
tenemos con el Padre en Cristo y por medio de Su Espíritu. Por eso nuestras conversaciones terrenales tienen
que tener un lenguaje celestial, un sazón de eternidad,
una probada del gozo que nos espera, un vistazo con
esperanza a lo que habremos de ser. Ya que "sabemos
que cuando Cristo se manifieste, seremos como Él es. Y
todo el que tiene esta esperanza puesta en Él, se purifica,
así como Él es puro" (1 Jn. 3:2b-3).

Tus conversaciones a la luz de la eternidad deben
motivarte a buscar hablar la verdad porque un día vivirás
sin nada que ocultar. No es esperar a que ese día llegue
para no ocultar más las áreas de crecimiento, es tomar
la imagen celestial y juntos practicar el ya pero todavía
no de esa futura gloria con Dios. Aún cuando vemos
nuestro cuerpo decaer en enfermedad como en pecado
nos proclamamos la verdad que "no todos dormiremos,
pero todos seremos transformados en un momento, en
un abrir y cerrar de ojos, a la trompeta final...porque es
necesario que esto corruptible se vista de incorrupción, y
esto mortal se vista de inmortalidad" (1 Cor. 15:51b, 53).

En ese día sin nosotros saber cuándo ni cómo veremos diferente, luciremos diferente, hablaremos diferente

y tendremos comunión diferente. La razón porque esto no es aquí en la tierra es "Porque ahora vemos por un espejo, pero entonces veremos cara a cara. Ahora conozco en parte, pero entonces conoceré plenamente, como he sido conocido" (1 Cor. 13:12). En esa gloria eterna no solo conoceremos sin pecado el amor de Dios, pero sin pecado nos amaremos unos a otros como siempre Dios lo planeó.

Que tus días terrenales, tus conversaciones de este lado de la gloria y tu lucha con tu cuerpo terrenal, sean completamente diferentes de hoy en adelante. Porque ahora sabes que la transparencia que transforma es un medio de gracia con un día final en mente. En ese día final seremos completamente transparentes porque seremos completamente transformados.